LA MACHINE INFERNALE

Paru dans Le Livre de Poche :

LA DIFFICULTÉ D'ÊTRE

LES ENFANTS TERRIBLES

LE LIVRE BLANC *et autres textes*

ROMANS, POÉSIES, ŒUVRES DIVERSES
(La Pochothèque)

JEAN COCTEAU
de l'Académie française

La Machine infernale

Pièce en 4 actes

INTRODUCTION, NOTES ET COMMENTAIRES
DE GÉRARD LIEBER

GRASSET

Cet ouvrage a également été publié dans la collecion
« Les Classiques pédago ».

L'éditeur tient à remercier le Comité Jean Cocteau.

COMITÉ

Jean Cocteau

© Éditions Bernard Grasset, 1934.
Les dessins de Jean Cocteau sont reproduits
avec l'aimable autorisation de M. E. Dermit.
ISBN : 978-2-253-009160 – 1re publicaion LGF

Introduction

Le titre de la pièce est surprenant et ambigu. Il peut faire penser à un drame policier, avec complot et assassinat, ou évoquer la science-fiction et une machine à remonter le temps qui se serait soudain déréglée. De fait, *La Machine infernale* nous ramène à une époque lointaine et raconte une histoire de meurtre et de sang. Il n'y a pas d'explosion finale toutefois, sinon de façon métaphorique lorsque la vérité éclate au grand jour. « Il ne s'agit pas dans ma pièce, explique Cocteau, de ces machines infernales que les anarchistes construisent pour tuer les rois. Il s'agit d'une machine plus mystérieuse que les dieux grecs destinaient au même usage[1]. » La matière est empruntée à la légende d'Œdipe et à ses différents épisodes[2] : l'enfant abandonné dans la montagne, le meurtre du père, la victoire sur le (ou la) Sphinx, le mariage avec la mère, la découverte tardive de l'enchaînement fatal des événements avec pour conséquence la mort de la mère et l'aveuglement d'Œdipe. Le modèle théâtral est donné par Sophocle

---

1. Présentation d'une édition de *La Machine infernale* avec introduction et notes de W.M. Landers, Londres, Harrap, 1957.
2. Voir Marie Delcourt, *Œdipe ou la légende du conquérant*, Paris, Les Belles Lettres, 1981.

(vers 495-406 av. J.-C.). Dans *Œdipe Roi* il montre le dernier épisode de la légende, celui où Œdipe interroge les témoins, découvre peu à peu ce qui s'est passé et se crève les yeux. Dans *Œdipe à Colone* il reprend le personnage au terme de sa vie d'errance quand il va disparaître dans un bois proche d'Athènes. Ces pièces font alterner parties chantées et parties dramatiques, elles accordent une grande place au chœur. Elles correspondent à un mode de représentation propre aux fêtes théâtrales d'Athènes au ve siècle avant notre ère. Depuis cette époque on n'a jamais cessé de s'intéresser à ce sujet. Cette longue tradition de relecture a été enrichie par Sigmund Freud qui dans *L'Interprétation des rêves* (1900) a mis en rapport son analyse de la psychologie de l'enfance et la légende œdipienne.

Jean Cocteau s'inscrit entre tradition et modernité. Il a intitulé un de ses recueils de poèmes *La Danse de Sophocle* et réalisé une série de dessins ayant pour titre *Le Complexe d'Œdipe*. En 1921, il entreprend une traduction d'*Antigone* de Sophocle, pour prendre le contre-pied de l'avant-gardisme et se mettre à l'école de l'Antiquité. Il raccourcit considérablement le texte, réduit le chœur à une seule voix, ne garde de la pièce que son dessin général. « Peut-être mon expérience est-elle un moyen de faire vivre les vieux chefs-d'œuvre, dit-il dans sa préface. À force d'y habiter nous les contemplons distraitement, mais parce que je survole un texte célèbre, chacun croit l'entendre pour la première fois. » Cette version accélérée est jouée au théâtre de l'Atelier le 20 décembre 1922, dans une mise en scène de Dullin, avec des décors de Picasso et des costumes de Chanel. Dans le même esprit, Cocteau adapte *Œdipe Roi* (1925-1927). Là encore, il élague les parties chorales, accélère le rythme, donne de la sécheresse aux répliques. Parallèlement à cette entreprise, il rédige un texte qui est ensuite traduit en latin, pour servir de livret à l'opéra-oratorio du compositeur Igor Stravinski *Œdipus Rex*. L'essentiel du drame est rassemblé en quelques scènes, avec cette fois une partie importante dévolue au chœur et à la musique. La première exécution publique date de 1927.

Fort de cette expérience, Cocteau va élaborer une version plus personnelle de l'histoire d'Œdipe, et proposer une manière nouvelle d'envisager la tragédie et le mythe. Dans *Opium*, qu'il rédige et accompagne de dessins lors d'une cure de désintoxication en 1929, il note : « Je rêve qu'il me soit donné d'écrire un *Œdipe et le Sphinx*, une sorte de prologue tragi-comique à *Œdipe Roi*, précédé lui-même d'une grosse farce avec des soldats, un spectre... » Ce rêve devient réalité en 1932. Cocteau travaille d'abord à la rencontre entre Œdipe et le Sphinx, pensant confier ce texte au metteur en scène Gaston Baty et à son actrice principale Marguerite Jamois. Il imagine ensuite un acte qui se situe sur les remparts de Thèbes où apparaît le fantôme du roi mort. Puis il consacre un acte à la nuit de noces entre Œdipe et Jocaste. Construction en désordre : l'acte II d'abord, puis le I et enfin le III pour aborder l'interdit des interdits : le thème de l'inceste, le dénouement devant reprendre la matière d'*Œdipe Roi*. La pièce est achevée en septembre 1932. Au cours de l'hiver, Louis Jouvet décide de la mettre en scène.

Quatre actes qui sont quatre pièces

Disjointes au moment de la conception et de la rédaction, les différentes parties de la pièce constituent autant de cellules autonomes et solidaires. Elles ont chacune leur climat, leur rythme, leur thématique, leur style de jeu, leur langage et « offrent au spectateur, dit Jean Cocteau, un seul bloc ambitieux fait de quatre masses, d'une forme et d'une matière complètement différentes » (*Le Matin*, 10 avril 1934). Si le dernier acte est calqué sur le modèle d'*Œdipe Roi*, les trois premiers sont de son chef.

L'acte premier se déroule sur les remparts de Thèbes, par une nuit d'orage, dans un climat d'attente et d'inquiétude. Cocteau emprunte son début directement à *Hamlet*. Mais alors que dans la tragédie de Shakespeare, le spectre du roi mort parvient à entrer en contact avec son fils, ici, le fantôme de Laïus ne réussit pas à prévenir sa femme du danger que représente son fils. Les propos familiers des gardes et du chef, l'entrée excentrique de Jocaste accompagnée d'un Tirésias affublé du ridicule surnom de Zizi, se situent dans un registre de fantaisie à la façon de *La Belle Hélène*. Les efforts désespérés de Laïus pour apparaître et se faire reconnaître donnent une note pathétique. Mi-sérieux, mi-comique, cet acte surprenant met en jeu les notions fondamentales pour Cocteau du visible et de l'invisible.

Nouvelle surprise à l'acte II : un dieu de l'Égypte ancienne, Anubis à la tête de chacal, dialogue avec une jeune fille, qui est le Sphinx de la légende grecque, sur la relativité du temps et la hiérarchie des dieux. L'univers de référence est ainsi modifié. Puisque les récits sont peu explicites sur ce point, Cocteau imagine à sa manière ce qu'a pu être la rencontre d'Œdipe et du Sphinx. Il s'agit d'abord d'un échange vif et souriant, presque amoureux. La jeune fille Sphinx, lasse de tuer, est charmée par la fougue d'Œdipe. Puis elle montre son pouvoir, se transforme en monstre ailé et lui souffle la réponse à l'énigme. Œdipe n'est donc pas montré en héros conquérant, faisant triompher les forces de la connaissance et de l'énergie humaines, c'est un naïf qui se précipite « d'un piège dans un autre, comme un rat écervelé ». L'acte est très spectaculaire à cause des effets de métamorphose, et du déploiement grandiose, au final, des formes des dieux, géantes et voilées, qui surplombent la scène.

Cocteau aborde alors un moment de la légende habituellement laissé dans l'ombre, celui des noces de Jocaste et d'Œdipe. L'acte III se situe dans la chambre d'amour, « rouge comme une petite boucherie ». Il se déroule dans un climat de sensualité et de sommeil, presque au ralenti, bercé par le bruit d'une fontaine : temps qui court et vérité qui sourd, entre le lit, le berceau, le miroir. Les personnages y acquièrent des contours différents : Jocaste inquiète et touchante, Tirésias digne et têtu, Œdipe orgueilleux et maladroit. L'imminence d'un danger irrigue tout. Les dialogues oscillent du duel au duo, du débat politique à l'ébat érotique. Les amants qui se cherchent sont enfantins et apeurés, des cauchemars traversent leurs brefs instants d'endormissement, des figures viennent les hanter. La vérité et le mensonge s'entremêlent, le passé et l'avenir sont entrevus, mais l'essentiel resté caché.

L'acte IV est conçu comme une mini-tragédie qui reprend, avec une sécheresse brutale, le moment crucial d'*Œdipe Roi*, celui où la lumière est faite. Bien qu'il suive au plus près l'exemple de Sophocle, Cocteau introduit des variantes importantes. Il attaque directement avec l'annonce de la mort de Polybe et fait se succéder rapidement les nouvelles qui révèlent à Œdipe qui sont ses vrais parents. Plus tard, c'est Œdipe qui annonce la mort de Jocaste, Antigone qui fait le récit de l'aveuglement de son père et non un serviteur du palais. Créon intervient peu, retenu par Tirésias qui agit comme un maître de cérémonie. La proposition la plus originale consiste à faire paraître le fantôme de Jocaste. Enfin semblable à sa légende, Œdipe, guidé par Antigone et sa mère, s'en va, comme s'il commençait dès cet instant le long voyage qui le mènera à Colone.

Thèmes et personnages

Pour éclairer la structure de l'œuvre, Jean Cocteau introduit chaque acte par un texte de présentation. Il s'agit d'une adresse aux spectateurs proférée par une Voix qui, tel un oracle venu du fond des âges, rappelle les principaux épisodes de la légende, annonce le dénouement, donne les informations nécessaires pour mieux comprendre la situation. Cocteau s'explique sur ce procédé dans le programme de la création : « Si l'on me reproche un préambule où, à l'exemple des dramaturges grecs, je raconte d'avance l'intrigue, je répondrai… par le fait que le troisième acte, entre autres (la nuit de noces), perdrait sa signification monstrueuse devant une salle ignorante des liens véritables qui unissent Œdipe à Jocaste et frustrerait ce public, hélas idéal, public de grandes personnes n'ayant pas perdu les ressorts de l'enfance, — public capable de trépigner et de crier : "Ne l'épouse pas ! ne l'épouse pas !" — comme celui de guignol et des mélodrames avertit les acteurs du danger qui les menace et auxquels ils tournent le dos. »

Cet effet de mise à distance est accentué par le dispositif scénique que les didascalies décrivent en tenant compte des solutions proposées par le décorateur Bérard. « Nous avons construit une petite estrade en scène, quatre mètres sur quatre. Cette estrade supporte un décor qui oblige les artistes à un jeu très formel, dans un éclairage de lampes au mercure. Estrade et décor sont isolés sur scène entre les toiles d'une véritable boîte foraine bleu pâle » (*Paris-Soir*, 18 février 1934). Au premier acte, l'estrade est surélevée et encombrée de panneaux qui figurent les remparts. Au deuxième acte, le sol est en légère pente, l'espace presque vide. La chambre de l'acte III est une boîte fermée dont on montre l'intérieur au public. À l'acte IV les murailles s'élèvent et grandissent pour former un présentoir. À chaque variation, les personnages, placés sur un petit théâtre, semblent manipulés par des forces supérieures. C'est le thème principal de la pièce, annoncé par le titre, explicité à l'ouverture par la Voix : « Regarde, spectateur, remontée à bloc, de telle sorte que le ressort se déroule avec lenteur tout le long d'une vie humaine, une des plus parfaites machines construites par les dieux infernaux pour l'anéantissement mathématique d'un mortel. » Il est rappelé au début de l'acte III : « Le sommeil les empêchera de voir la trappe qui se ferme sur eux pour toujours » et repris avant le dénouement : « car les dieux ont voulu, pour le fonctionnement de leur machine infernale, que toutes les malchances surgissent sous le déguisement de la chance ».

La fatalité qui poursuit Œdipe n'est pas le juste châtiment d'une faute, mais un supplice cruel voulu par des dieux méchants. « Les dieux sans cœur se livrent aux distractions de l'enfance et arrachent les ailes des mouches », dit Cocteau (*Écho de Paris*, 11 avril 1934). Une transcendance confuse et mauvaise joue avec les humains, les bouscule et leur fait endosser peu à peu un destin qu'ils n'ont ni choisi ni construit.

Les dieux eux-mêmes ne sont pas libres. Cocteau les montre dominés par une hiérarchie contraignante, obligés d'exécuter des ordres qui les dépassent. « Obéissons. Le mystère a ses mystères. Les dieux possèdent leurs dieux. Nous avons les nôtres. Ils ont les leurs. C'est ce qui s'appelle l'infini. » Ils sont sans contours, comme ces « deux formes géantes couvertes de voiles irisés » qui, à la fin de l'acte II, grandissent et se fondent dans la lumière du petit jour. Leur apparence est donc contingente et arbitraire, d'où la co-présence du Sphinx et d'Anubis.

Cocteau ouvre la scène à des questions métaphysiques et suggère, grâce au théâtre, une conception complexe de l'espace et du temps. Le déroulement de la pièce fait appel à un procédé de montage temporel pour que l'acte I et l'acte II puissent se superposer. Anubis rappelle au Sphinx que : « L'Égypte, la Grèce, la mort, le passé, l'avenir n'ont pas de sens chez nous. » Les figures de la fable sont à la fois tenues à distance, rapprochées et projetées dans une autre dimension, celle où elles appartiennent « au peuple, aux poètes, aux cœurs purs », mêlant ainsi le passé de leur ancrage historique, le présent intense de la représentation, et le hors-temps de la légende et de la poésie.

Anubis se charge d'une démonstration en acte à propos de la quatrième dimension : « ANUBIS, *il montre la robe de Sphinx* : "Regardez les plis de cette étoffe. Pressez-les les uns contre les autres. Et maintenant si vous traversez cette masse d'une épingle, si vous enlevez l'épingle, si vous lissez l'étoffe jusqu'à faire disparaître toute trace des anciens plis, pensez-vous qu'un nigaud de campagne puisse croire que les innombrables trous qui se répètent de distance en distance résultent d'un seul coup d'épingle ?" LE SPHINX : "Certes non." ANUBIS : "Le temps des hommes est de l'éternité pliée." » D. Chaperon explique : « Ce qui est de l'ordre de la succession dans un espace à n dimensions est de l'ordre de la simultanéité dans un espace à n + 1 dimensions, chose que ne comprend peut-être pas un "nigaud de campagne", mais qu'un homme cultivé aura appris chez Bergson : "Ce qui est donné comme mouvement dans un espace d'un nombre quelconque de dimensions peut être représenté comme forme dans un espace ayant une dimension de plus[1]." » Cocteau n'a cessé de revenir sur cette question, par exemple dans *Journal d'un inconnu* : « Le temps forme avec l'espace un amalgame si élastique, si insolite, que l'homme se trouve sans cesse en face de petites preuves qu'il s'y égare et qu'il le connaît fort mal[2]. » En usant des ressources du théâtre, aussi bien sur le plan textuel que visuel, il suggère l'invisible.

Les pauvres humains, face à ces mystères qui les dépassent, « ne sont autre chose que zéros essuyés sur une ardoise », selon le délégué des dieux, Anubis. Le Sphinx, humanisé en jeune fille, perd sa dureté, se laisse aller aux sentiments de compassion et d'amour et se trouve à son tour manipulé : « Le Sphinx, intermédiaire entre les dieux et les hommes, est joué par les dieux qui feignent de le laisser libre, et lui soufflent de sauver Œdipe à seule fin de le perdre[3]. » À l'inverse Laïus, qui est passé de l'autre côté, manifeste surtout de la peur et donne une image terrifiante de l'au-delà. Tirésias aussi est au contact de la divinité, et il en est brûlé — Œdipe s'en rend compte à vouloir regarder de trop près les secrets de l'avenir dans ses prunelles d'aveugle —; son savoir ne lui est d'aucun secours

1. Bergson, *Durée et simultanéité*, cité par Danielle Chaperon, *Jean Cocteau : la chute des angles*, Presses universitaires de Lille, 1990, p. 31.

2. Jean Cocteau, *Journal d'un inconnu*, Paris, Grasset, réédit. 1987, p. 79.

3. *Ibidem*, p. 41.

pour épargner des souffrances aux autres. Il ne peut que garder le silence. Jocaste est « faible, crédule, romanesque », traversée de pressentiments, de rêves et de craintes dont elle ne perçoit pas le sens. Elle se heurte aux apparences et n'accède à la clairvoyance qu'une fois « morte, blanche, belle, les yeux clos ». Œdipe est lui aussi enfantin et démuni. Il n'est pas un déchiffreur d'énigmes. Privé de l'initiative tragique, il s'agite et parade, réclamant son dû sans avoir rien fait. « Faible et orgueilleux », remarque Tirésias. Il trouve au bout de la route la force de se hausser à la dimension héroïque. « Son orgueil ne le trompe pas. Il a voulu être le plus heureux des hommes, maintenant il veut être le plus malheureux. » Les autres personnages forment un groupe hétéroclite : les soldats, la matrone et ses enfants, l'ivrogne, le messager, le berger : voix du peuple, de ceux qui subissent l'ordre des dieux et l'ordre des chefs. Créon, dont on parle souvent, et que l'on voit peu, est ce pouvoir obtus et brutal. Reste la petite Antigone que le destin attend à son tour, et dont l'histoire a déjà été contée par Cocteau.

Poésie de théâtre

Au moment où il emporte la dépouille du Sphinx, Œdipe tente d'abord de la tenir devant lui. « Pas ainsi ! Je ressemblerais à ce tragédien de Corinthe que j'ai vu jouer un roi et porter le corps de son fils. » Il conclut sa critique par un alexandrin aux allitérations appuyées : « La pose était pompeuse et n'émouvait personne. » Cocteau veut lui aussi s'écarter du jeu et du style conventionnels, et « déniaiser » le sublime, sans rechercher cependant la nouveauté à tout prix. Il évite

les archaïsmes et introduit relativement peu d'anachronismes. Pour ce qui est du jeu, chaque personnage est
précisément cerné dans sa caractérisation et son évolu-
tion. Le texte suggère une forte présence des corps aussi
bien à l'acte II pour marquer l'attirance du Sphinx pour
Œdipe, qu'à l'acte III, dans la chambre nuptiale. Au dernier acte, au moment où « un chef-d'œuvre d'horreur
s'achève », les personnages tendent vers la statuaire,
particulièrement Tirésias et Créon, mais les indications
de l'auteur n'ont rien de figé ou de massif, tant pour
Jocaste, qui « disparaît comme on se noie », que pour
Œdipe, « déraciné ».

Cocteau n'essaie pas de retrouver l'ample cadence
des chœurs de Sophocle avec leur chant rythmé. Il
évite plutôt le lyrisme. Dans une langue claire et nerveuse, d'une grande liberté d'allure, il ne cesse de
varier les registres : dialogue animé des gardes énervés
par l'attente ou dispute entre Jocaste et Tirésias, discus-
sion « philosophique » du Sphinx et d'Anubis ou alter-
cation entre Œdipe et Tirésias, divagation de l'ivrogne
ou révélation du messager. Il use avec habileté de
l'effet de chute pour conclure l'acte I par une phrase,
au rythme ternaire, sentencieuse et pleine de bon sens :
« Laisse les princes s'arranger avec les princes, les
fantômes avec les fantômes, et les soldats avec les soldats. » Il termine la pièce par un « Qui sait ? » qui ne
conclut pas mais incite à la méditation. Il ramasse en
formules percutantes les points forts de la réflexion :
« tout ce qui se classe empeste la mort », ou enclenche
de brefs récits particulièrement évocateurs : apparition du fantôme, histoires de la matrone, assassinat de
Laïus. Les qualités expressives de la langue culminent
dans le morceau de bravoure qu'est la grande tirade du
Sphinx, poème de la fascination, flot de paroles étour-
dissant. Au moment où Œdipe approche de la vérité, à

l'instant le plus poignant du drame, c'est la simplicité qui s'impose. ŒDIPE : « Je suis près d'une chose impossible à entendre. » LE BERGER : « Et moi… d'une chose impossible à dire. »

Cocteau rejoint alors le texte de Sophocle.

Pour une mythologie personnelle

Dans *La Machine infernale*, Cocteau « noue et dénoue et renoue » à sa façon les trois grands thèmes venus de la légende, celui du pouvoir, celui du destin, celui de la famille. Il revient avec obstination à ce sujet et il y reviendra encore, au point d'affirmer : « J'ai toujours traité la grande fable d'Œdipe, même lorsqu'il m'arrive d'en inventer une autre[1]. » Dans son dernier film, *Le Testament d'Orphée* (1960), on voit le jeune homme Cégeste conduire le poète près d'un chevalet recouvert d'un drap qui s'envole soudain, dévoilant une grande toile : *Œdipe et ses filles*. « Toujours cet Œdipe ! » commente le poète qui, plus tard, croise sans les voir Antigone, menant sur le chemin Œdipe aveugle un bâton à la main. C'est ainsi que, figurant Orphée, Cocteau prend congé de cette autre figure qu'il n'a cessé d'évoquer.

Cocteau a souvent exprimé sa défiance à l'égard de la psychanalyse : « Il ne faudrait pas confondre la nuit dont je parle et celle où Freud invitait ses malades à descendre[2]. » Il sent bien pourtant qu'une élucidation de sa démarche est possible. À André Fraigneau, qui souligne la récurrence du thème d'Œdipe dans ses écrits, il

---

1. Jean Cocteau, *Le Passé défini*, Paris, Gallimard, 1983, p. 416.
2. *Journal d'un inconnu, op. cit.,* p. 39.

réplique : « Là, il faudrait peut-être un psychiatre parce que dans toutes mes œuvres il doit y avoir un fil mystérieux qu'on retrouve. C'est un fil tendu à travers les œuvres[1]. »

Milorad, qui lit Cocteau sous cet éclairage, note que s'il a choisi le thème d'Œdipe c'est « parce qu'il correspondait à une phase de son propre développement psychosexuel où Cocteau était demeuré fixé, ou bien à laquelle il avait régressé, en tout cas non dépassée, non résolue à la façon normale[2] ». De fait, on peut facilement retrouver ici des éléments du roman familial, tisser des liens entre le suicide du père de Cocteau et la figure de Laïus avec sa tache rouge vif près de l'oreille droite, ou penser à l'attachement que Cocteau a pour sa mère en entendant Jocaste dire : « Est-il plus doux ménage, ménage plus doux et plus cruel, ménage plus fier de soi, que ce couple d'un fils et d'une mère jeune ? » Tirésias lui-même peut être vu comme un substitut paternel, de là son « apparition menaçante, juste avant l'instant où l'inceste va être consommé, où Œdipe va prendre sa place[3] ». Ainsi s'expliqueraient l'insistance à montrer un Œdipe vierge et enfantin, et la valorisation, jamais tentée auparavant, du personnage de Jocaste comme figure dominante et réconciliatrice au dénouement.

Mais une pièce de théâtre n'est pas un journal intime ou un aveu. Le modèle tragique englobe et dépasse ces composantes : « il serait malhonnête de poser une seule ombre de nous ». Cocteau regarde son propre

---

1. *Entretiens avec André Fraigneau*, Monaco, Édit. du Rocher, 1988, p. 93.

2. Milorad, « La clé des mythes dans l'œuvre de Cocteau », *Cahiers Jean Cocteau*, n° 2, Paris, Gallimard, 1971, p. 111.

3. Jacques Brosse, *Cocteau*, Paris, Gallimard, 1970, p. 84.

destin au miroir du mythe. Il affronte l'inconnu, ou le trop connu, et en reçoit le choc. « La foudre vise cet homme. » La brûlure de cette illumination est une étape nécessaire pour la naissance du poète : Orphée doit croiser Œdipe.

Création et réception de la pièce

L'élaboration du spectacle est longue. Préoccupé par le dessin général de l'ouvrage, par sa ligne, Cocteau ajuste et réajuste son texte, le rend plus rapide et nerveux, sans d'ailleurs le remanier profondément. Dans une lettre à Jouvet de février 1933, il annonce : « J'ai travaillé *deux jours et deux nuits* sur ce troisième acte qui flottait et où je ne sais quoi freinait encore. Cette fois il me semble que l'acte mène un "train d'enfer" au sens propre du terme. »

La distribution est difficile à réunir, car Jouvet n'a personne dans sa troupe pour tenir les rôles de Jocaste et d'Œdipe. Cocteau essaie en vain de persuader Elvire Popesco, dont l'accent roumain et le tempérament excessif conviendraient à la première apparition de Jocaste. Il faut bien du temps pour trouver Marthe Régnier et Jean-Pierre Aumont. Pour le décor Cocteau a l'idée de présenter Christian Bérard à Jouvet qui, d'abord méfiant, se laisse gagner. C'est le début d'une collaboration exemplaire. La première a lieu à la Comédie des Champs-Élysées, le 10 avril 1934. Succès de curiosité, succès public : il y a 64 représentations. Mais Jouvet ne souhaite pas prolonger l'expérience. Il n'inscrira pas la pièce au répertoire du théâtre de l'Athénée où il va poursuivre sa carrière.

La presse est divisée, avec deux constantes chez les commentateurs : des remarques plus ou moins amu-

sées à propos des anachronismes et du caractère
« osé » de certaines scènes ; des éloges unanimes pour
la qualité de la présentation, aussi bien du côté des
interprètes que de la mise en scène. Les critiques se
répartissent en trois groupes. Ceux que Jean Cocteau
irrite avec sa désinvolture à l'égard des grands mythes
antiques, ainsi Antoine qui lui reproche de gambader
« autour du piédestal de la statue en y griffonnant
des graffitis dont les plaisantins s'amusent » (*L'Infor-
mation*, 17 avril 1934). Ceux qui trouvent la pièce
inégale, trop ingénieuse, balançant entre tragédie et
parodie comme un exercice de lettré qui est « parfois
d'une délicatesse et d'une hardiesse qui troublent et
presque qui enchantent et en deux ou trois éclairs,
d'une émouvante grandeur et noblement inspiré »
(Robert Kemp, *La Liberté*, 12 avril 1934). Ceux qui
sont convaincus par cette « pièce d'une rare beauté »
(Édouard Bourdet, *Marianne*, 18 avril 1934). « Il y
a là une suite de ruptures, une atmosphère étrange,
bavardages traversés d'éclairs, gaieté familière et obs-
cures angoisses, où Cocteau n'a jamais mieux donné
sa mesure », dit Pierre Brisson à propos de l'acte III
(*Le Temps*, 16 avril 1934). Jean Schlumberger, sur-
pris, remarque : « Rien, communément, de plus froid
que les apparitions de spectres ou que les rêves prémo-
nitoires ; mais ici ces manifestations d'un monde invisible ont une sorte de vraisemblance poétique qui les
rend émouvantes. L'âme de Laïus lutte, s'épuise, pour
monter dans l'odeur lourde des égouts et l'épaisseur
des murs, afin de jeter son cri d'alarme ; et l'on croit au
rêve de Jocaste, tenant toujours entre ses bras un nourrisson qui se transforme en pâte immonde, dont elle est
couverte des genoux à la bouche » (*N.R.F.*, mai 1934).
Colette est particulièrement touchée : « Une floraison,
c'est la récompense d'un effort végétal ou cérébral, et

l'heureuse unanimité de l'effort est partout flagrante à la Comédie des Champs-Élysées. Pour soutenir un deuxième acte — songe d'un crépuscule thébain — et mettre en valeur un texte dont certaines pages seront demain fameuses : "Je dévide, je déroule, je tresse, je vanne…", une collaboration parfaite rassemble, autour d'Œdipe et du Sphinx, maint prodige : dieux à tête de chacal, ailes de lumière, foudre, changeantes et significatives couleurs du ciel… Mais, s'il me faut choisir, à la volubilité du Sphinx ravissant, à sa riche incantation, je préférerai encore un troisième acte duquel on dit déjà, en risquant de le diminuer, qu'il est "audacieux", l'acte de la nuit de noces, dialogue entre Jocaste et son fils incestueux. Non, il n'est pas audacieux. Chaste, terrible, interrompu par des chocs meurtriers d'ombres, de songes, d'apparitions, étouffé de peur, ce duo nuptial comptera parmi les scènes qui honorent l'art dramatique français » (*Le Journal*, 15 avril 1934).

Gérard LIEBER

La Machine infernale

DÉDICACE

À MARIE-LAURE
ET À CHARLES DE NOAILLES

J'ai souvent répété qu'une chose ne pouvait à la fois *être* et *avoir l'air*. Ce credo perd de son exactitude lorsqu'il s'agit du théâtre, sorte d'enchantement assez louche où l'*avoir l'air* règne comme le trompe-l'œil sur les plafonds italiens. Or, cet enchantement, personne au monde n'en exploite mieux les ressources que Christian Bérard, lorsqu'il oppose au réalisme et aux stylisations ce sens de la vérité en soi, d'une vérité qui dédaigne la réalité, méthode inimitable n'ayant d'autre objectif que de mettre dans le mille à chaque coup.

Je lui composai d'abord une dédicace de reconnaissance, mais, en somme, n'est-il pas logique de nous unir pour dédier ensemble une collaboration si profonde à Marie-Laure et à Charles de Noailles, singulier ménage d'artistes, possédant le génie sous sa forme la plus rare, je veux dire le génie du cœur[1].

---

1. Marie-Laure (1902-1970) et Charles de Noailles (1891-1981) ont joué un rôle important de mécènes. Ils ont commandité *L'Âge d'or* de Buñuel et Dalí et ont donné à Cocteau les moyens de réaliser son premier film *Le Sang d'un poète* (1930). Les relations entre Cocteau et Marie-Laure de Noailles ont été souvent mouvementées et passionnelles. Elle aurait brûlé, dans une crise de colère, le manuscrit de *La Machine infernale*.

... à ce point que je ne conçois guère (mon cerveau serait-il un miroir ensorcelé?) un type de beauté où il n'y ait du *malheur*.

....

J'ai essayé plus d'une fois, comme tous mes amis, de m'enfermer dans un système pour y prêcher à mon aise. Mais un système est une espèce de damnation... Je suis revenu chercher un asile dans l'impeccable naïveté. C'est là que ma conscience philosophique a trouvé le repos.

Charles BAUDELAIRE[1].

Les dieux existent : c'est le diable.

J. C.[2]

---

1. La citation de Baudelaire est extraite de *Fusées XVI*.
2. Cocteau cite le début d'un de ses poèmes du recueil *Opéra* (1927) : « Oh! là là! »
« Les dieux existent : c'est le diable. J'aimais la vie; elle me déteste; j'en meurs. Je ne vous conseille pas d'imiter mes rêves. La mort y corne des cartes, y jette du linge sale, y couvre les murs de signatures illisibles, de dessins dégoûtants. Le lendemain, je suis le personnage à clef d'une histoire étonnante qui se passe au ciel. »

PERSONNAGES

ŒDIPE	Jean-Pierre Aumont.
ANUBIS	Robert le Vigan.
TIRÉSIAS	Pierre Renoir.
CRÉON	André Moreau.
LE FANTÔME DE LAÏUS	Julien Barrot.
LE JEUNE SOLDAT	Yves Forget
LE SOLDAT	Robert Moor.
LE CHEF	Romain Bouquet.
LE MESSAGER DE CORINTHE	Marcel Khill.
LE BERGER DE LAÏUS	Louis Jouvet.
UN PETIT GARÇON DU PEUPLE	Michel Monda.
LA VOIX	Jean Cocteau.
JOCASTE	Marthe Régnier.
LE SPHINX	Lucienne Bogaert.
LA MATRONE	Jeanne Lory.
ANTIGONE	Andrée Servilanges.
UNE PETITE FILLE DU PEUPLE	Vera Phares.

La Machine infernale *a été représentée pour la première fois au théâtre Louis-Jouvet (Comédie des Champs-Élysées) le 10 avril 1934, avec les décors et les costumes de Christian Bérard*[1].

1. La pièce sera reprise à Paris le 22 septembre 1954 au Théâtre des Bouffes Parisiens avec Elvire Popesco (Jocaste), Jean Marais (Œdipe), Jeanne Moreau (le Sphinx).

ACTE PREMIER*

LE FANTÔME[1]

* Les quatre décors seront plantés sur une petite estrade au centre de la scène, entourée de toiles nocturnes. L'estrade changera de pente selon la nécessité des perspectives. Outre les éclairages de détail, les quatre actes baignent dans l'éclairage livide et fabuleux du mercure *(N.d.A.)*.

1. Pendant la préparation du spectacle, Cocteau a proposé à Jouvet d'annoncer le titre des actes avec une grande pancarte portée par un acteur qui traverserait la scène.

LA VOIX[1]

« Il tuera son père. Il épousera sa mère. »

Pour déjouer cet oracle d'Apollon, Jocaste[2], reine de Thèbes, abandonne son fils, les pieds troués et liés, sur la montagne. Un berger de Corinthe trouve le nourrisson et le porte à Polybe. Polybe et Mérope, roi et reine de Corinthe, se lamentaient d'une couche stérile. L'enfant, respecté des ours et des louves, Œdipe, ou *Pieds percés*, leur tombe du ciel. Ils l'adoptent.

Jeune homme, Œdipe interroge l'oracle de Delphes.

Le dieu parle : *Tu assassineras ton père et tu épouseras ta mère.* Donc il faut fuir Polybe et Mérope. La crainte du parricide et de l'inceste le jette vers son destin.

Un soir de voyage, au carrefour où les chemins de Delphes et de Daulie se croisent, il rencontre une

---

1. Cocteau a enregistré sur disque les textes de la Voix qui sont diffusés dans la salle au moment voulu. Dans *Antigone*, la voix du Chœur, récitée en direct par Cocteau, sortait d'un trou au centre du décor.
2. Jocaste est ici désignée comme seule responsable de l'abandon. Laïus n'y est pas impliqué.

escorte. Un cheval le bouscule ; une dispute éclate ; un domestique le menace ; il riposte par un coup de bâton. Le coup se trompe d'adresse et assomme le maître. Ce vieillard mort est Laïus, roi de Thèbes. Et voici le parricide.

L'escorte craignant une embuscade a pris le large. Œdipe ne se doute de rien ; il passe. Au reste, il est jeune, enthousiaste ; il a vite oublié cet accident.

Pendant une de ses haltes, on lui raconte le fléau du Sphinx. Le Sphinx, « la Jeune Fille ailée », « la Chienne qui chante », décime la jeunesse de Thèbes. Ce monstre pose une devinette et tue ceux qui ne la devinent pas. La reine Jocaste, veuve de Laïus, offre sa main et sa couronne au vainqueur du Sphinx.

Comme s'élancera le jeune Siegfried[1], Œdipe se hâte. La curiosité, l'ambition le dévorent. La rencontre a lieu. De quelle nature, cette rencontre ? Mystère. Toujours est-il que le jeune Œdipe entre à Thèbes en vainqueur et qu'il épouse la reine. Et voilà l'inceste.

Pour que les dieux s'amusent beaucoup, il importe que leur victime tombe de haut. Des années s'écoulent, prospères. Deux filles, deux fils compliquent les noces monstrueuses. Le peuple aime son roi. Mais la peste éclate[2]... Les dieux accusent un criminel anonyme d'infecter le pays et ils exigent qu'on le chasse. De recherche en recherche et comme enivré de malheur, Œdipe arrive au pied du mur. Le piège se ferme. Lumière est faite. Avec son écharpe rouge, Jocaste se pend. Avec la broche d'or de la femme pendue, Œdipe se crève les yeux.

---

1. Dans l'opéra de Wagner, le héros Siegfried attaque le dragon qui garde le trésor des Nibelungen.
2. C'est ici que commence l'action de la pièce de Sophocle.

Regarde, spectateur, remontée à bloc, de telle sorte que le ressort se déroule avec lenteur tout le long d'une vie humaine, une des plus parfaites machines construites par les dieux infernaux pour l'anéantissement mathématique d'un mortel.

Un chemin de ronde sur les remparts de Thèbes[1].
Hautes murailles. Nuit d'orage. Éclairs de chaleur.
On entend le tam-tam et les musiques du quartier
populaire.

LE JEUNE SOLDAT — Ils s'amusent !

LE SOLDAT — Ils essaient.

LE JEUNE SOLDAT — Enfin, quoi, ils dansent toute la nuit.

LE SOLDAT — Ils ne peuvent pas dormir, alors, ils dansent.

LE JEUNE SOLDAT — C'est égal, ils se soûlent et ils font l'amour et ils passent la nuit dans les boîtes, pendant que je me promène de long en large avec toi. Eh bien, moi je n'en peux plus ! Je n'en peux plus ! Je

1. « Un chemin de ronde sur les remparts de Thèbes. » Cette scène est inspirée du début d'*Hamlet*. Coïncidence, dans sa lettre à Wilhelm Fliess du 21 septembre 1897, dans laquelle il propose pour la première fois son hypothèse sur le complexe d'Œdipe, Freud fait aussitôt un rapprochement avec l'histoire d'Hamlet. Ainsi, remarque Jean Starobinski, « dès la première formulation décisive, le cas Hamlet escorte le paradigme œdipien comme son ombre portée » (préface à Ernest Jones, *Hamlet et Œdipe*, Paris, Gallimard, 1967).

n'en peux plus ! Voilà, c'est simple, c'est clair : Je n'en peux plus.

LE SOLDAT — Déserte.

LE JEUNE SOLDAT — Non, non. Ma décision est prise. Je vais m'inscrire pour aller au Sphinx[1] !

LE SOLDAT — Pour quoi faire ?

LE JEUNE SOLDAT — Comment pour quoi faire ? Mais pour faire quelque chose ! Pour en finir avec cet énervement, avec cette épouvantable inaction.

LE SOLDAT — Et la frousse ?

LE JEUNE SOLDAT — Quelle frousse ?

LE SOLDAT — La frousse quoi... la frousse ! J'en ai vu de plus malins que toi et de plus solides qui l'avaient, la frousse. À moins que monsieur veuille abattre le Sphinx et gagner le gros lot.

LE JEUNE SOLDAT — Et pourquoi pas, après tout ? Le seul rescapé du Sphinx est devenu idiot, soit. Mais si ce qu'il radote était vrai. Suppose qu'il s'agisse d'une devinette. Suppose que je la devine. Suppose...

LE SOLDAT — Mais ma pauvre petite vache, est-ce que tu te rends bien compte que des centaines et des centaines de types qui ont été au stade et à l'école et tout, y ont laissé leur peau, et tu voudrais, toi, toi, pauvre petit soldat de deuxième classe...

LE JEUNE SOLDAT — J'irai ! J'irai, parce que je ne peux plus compter les pierres de ce mur, et entendre cette musique, et voir ta vilaine gueule et...

---

1. Sphinx : pour les Grecs et les Latins le Sphinx paraît avoir été féminin. Le mot est rare en grec classique. Sophocle et Euripide usent plutôt de périphrases comme la jeune fille ailée. Le mot est plus courant en latin et signifie l'étrangleuse. En français le mot est masculin et fait référence aussi bien à l'Égypte pharaonique qu'à la Grèce antique.

Il trépigne.

LE SOLDAT — Bravo, héros! Je m'attendais à cette crise
de nerfs. Je la trouve plus sympathique. Allons…
Allons… ne pleurons plus… Calmons-nous… là, là,
là…

LE JEUNE SOLDAT — Je te déteste!

*Le soldat cogne avec sa lance contre le mur der-
rière le jeune soldat. Le jeune soldat s'immobilise.*

LE SOLDAT — Qu'est-ce que tu as?

LE JEUNE SOLDAT — Tu n'as rien entendu?

LE SOLDAT — Non… Où?

LE JEUNE SOLDAT — Ah!… il me semblait… J'avais
cru…

LE SOLDAT — Tu es vert… Qu'est-ce que tu as?… Tu
tournes de l'œil?

LE JEUNE SOLDAT — C'est stupide… Il m'avait semblé
entendre un coup. Je croyais que c'était lui!

LE SOLDAT — Le Sphinx?

LE JEUNE SOLDAT — Non, lui, le spectre, le fantôme quoi!

LE SOLDAT — Le fantôme? Notre cher fantôme de
Laïus[1]? Et c'est ça qui te retourne les tripes. Par
exemple!

LE JEUNE SOLDAT — Excuse-moi.

LE SOLDAT — T'excuser mon pauvre bleu? Tu n'es
pas fou! D'abord, il y a des chances pour qu'il ne
s'amène plus après l'histoire d'hier, le fantôme,
il ne nous a guère fait peur. Si… Peut-être la première fois… Mais ensuite, hein?… C'était un brave

---

1. Le nom grec du père d'Œdipe est Laïos. Cocteau a choisi la
transcription latine Laïus, peut-être pour se moquer de ses discours
que personne n'écoute.

homme de fantôme, presque un camarade, une distraction. Alors, si l'idée de fantôme te fait sauter en l'air, c'est que tu es à cran, comme moi, comme tout le monde, riche ou pauvre à Thèbes, sauf quelques grosses légumes qui profitent de tout. La guerre, c'est déjà pas drôle, mais crois-tu que c'est un sport que de se battre contre un ennemi qu'on ne connaît pas. On commence à en avoir soupé des oracles, des joyeuses victimes et des mères admirables. Crois-tu que je te taquinerais comme je te taquine, si je n'avais pas les nerfs à cran, et crois-tu que tu aurais des crises de larmes et crois-tu qu'ils se soûleraient et qu'ils danseraient là-bas! Ils dormiraient sur les deux oreilles, et nous attendrions notre ami fantôme en jouant aux dés.

LE JEUNE SOLDAT — Dis donc…

LE SOLDAT — Eh bien?…

LE JEUNE SOLDAT — Comment crois-tu qu'il est… le Sphinx?

LE SOLDAT — Laisse donc le Sphinx tranquille. Si je savais comment il est, je ne serais pas avec toi de garde, cette nuit.

LE JEUNE SOLDAT — Il y en a qui prétendent qu'il n'est pas plus gros qu'un lièvre, et qu'il est craintif, et qu'il a une toute petite tête de femme. Moi, je crois qu'il a une tête et une poitrine de femme et qu'il couche avec les jeunes gens.

LE SOLDAT — Allons! Allons! Tiens-toi tranquille, et n'y pense plus.

LE JEUNE SOLDAT — Peut-être qu'il ne demande rien, qu'il ne vous touche même pas. On le rencontre, on le regarde et on meurt d'amour.

LE SOLDAT — Il te manquait de tomber amoureux du fléau public. Du reste, le fléau public… entre nous, veux-tu savoir ce que j'en pense du fléau public?…

C'est un vampire! Un simple vampire! Un bonhomme qui se cache et sur lequel la police n'arrive
pas à mettre la main.

LE JEUNE SOLDAT — Un vampire à tête de femme?

LE SOLDAT — Oh! celui-là!… Non! Non! Non! Un
vieux vampire, un vrai! Avec une barbe et des mous-
taches, et un ventre, et il vous suce le sang, et c'est
pourquoi on rapporte aux familles des macchabées
avec tous la même blessure, au même endroit: au
cou! Et maintenant, vas-y voir si ça te chante.

LE JEUNE SOLDAT — Tu dis que…

LE SOLDAT — Je dis que… Je dis que… Hop!… Le
chef.

*Ils se lèvent et se mettent au garde-à-vous. Le
chef entre et croise les bras.*

LE CHEF — Repos!… Alors… mes lascars… C'est ici
qu'on voit des fantômes?

LE SOLDAT — Chef…

LE CHEF — Taisez-vous! Vous parlerez quand je vous
interrogerai. Lequel de vous deux a osé…

LE JEUNE SOLDAT — C'est moi, chef.

LE CHEF — Nom de nom! À qui la parole? Allez-vous
vous taire? Je demande: lequel de vous deux a osé
faire parvenir en haut lieu un rapport touchant le service, sans passer par la voie hiérarchique? En sau-
tant par-dessus ma tête. Répondez.

LE SOLDAT — Chef, ce n'est pas sa faute, il savait…

LE CHEF — Est-ce toi ou lui?

LE JEUNE SOLDAT — C'est nous deux, mais c'est moi qui
ai…

LE CHEF — Silence! Je demande comment le grand prêtre
a eu connaissance de ce qui se passe la nuit à ce poste,
alors que je n'en ai pas eu connaissance, moi!

LE JEUNE SOLDAT — C'est ma faute, chef, c'est ma faute. Mon collègue ne voulait rien dire. Moi, j'ai cru qu'il fallait parler, et comme cette histoire ne concernait pas le service… enfin quoi… j'ai tout raconté à son oncle, parce que la femme de son oncle est la sœur d'une lingère de la reine, et que le beau-frère est au temple de Tirésias.

LE SOLDAT — C'est pourquoi j'ai dit, chef, que c'était ma faute.

LE CHEF — Assez ! Ne me cassez pas les oreilles. Donc… cette histoire ne concerne pas le service. Très bien, très bien ! Et… cette fameuse histoire, qui ne concerne pas le service, est une histoire de revenants, il paraît ?

LE JEUNE SOLDAT — Oui, chef !

LE CHEF — Un revenant vous est apparu pendant une nuit de garde, et ce revenant vous a dit… Au fait, que vous a-t-il dit, ce revenant ?

LE JEUNE SOLDAT — Il nous a dit, chef, qu'il était le spectre du roi Laïus, qu'il avait essayé plusieurs fois d'apparaître depuis son meurtre, et qu'il nous suppliait de prévenir, en vitesse, par n'importe quel moyen, la reine Jocaste et Tirésias.

LE CHEF — En vitesse ! Voyez-vous cela ! Quel aimable fantôme ! Et… ne lui avez-vous pas demandé, par exemple, ce qui vous valait l'honneur de sa visite et pourquoi il n'apparaissait pas directement chez la reine ou chez Tirésias ?

LE SOLDAT — Si, chef, je le lui ai demandé, moi. Il nous a répondu qu'il n'était pas libre de se manifester n'importe où, et que les remparts étaient l'endroit le plus favorable aux apparitions des personnes mortes de mort violente, à cause des égouts.

LE CHEF — Des égouts ?

LE SOLDAT — Oui, chef. Il a dit des égouts, rapport aux vapeurs qui ne se forment que là.

LE CHEF — Peste ! Voilà un spectre des plus savants et qui ne cache pas sa science. Vous a-t-il effrayé beaucoup au moins ? Et à quoi ressemblait-il ? Quelle tête avait-il ? Quel costume portait-il ? Où se tenait-il, et quelle langue parlait-il ? Ses visites sont-elles longues ou courtes ? L'avez-vous vu à plusieurs reprises ? Bien que cette histoire ne concerne pas le service, je serais curieux, je l'avoue, d'apprendre de votre bouche quelques détails sur les mœurs des revenants.

LE JEUNE SOLDAT — On a eu peur, la première nuit, chef, je l'avoue. Il faut vous dire qu'il est apparu très vite, comme une lampe qui s'allume, là, dans l'épaisseur de la muraille.

LE SOLDAT — Nous l'avons vu ensemble.

LE JEUNE SOLDAT — On distinguait mal la figure et le corps ; on voyait surtout la bouche quand elle était ouverte, et une touffe de barbe blanche, et une grosse tache rouge, rouge vif, près de l'oreille droite. Il s'exprimait difficilement, et il n'arrivait pas à mettre les phrases au bout les unes des autres. Mais là, chef, interrogez voir mon collègue. C'est lui qui m'a expliqué pourquoi le pauvre homme n'arrivait pas à s'en sortir.

LE SOLDAT — Oh ! chef, ce n'est pas sorcier ! Il dépensait toute sa force pour apparaître, c'est-à-dire pour quitter sa nouvelle forme et reprendre sa vieille forme, qui nous permette de le voir. La preuve, c'est que chaque fois qu'il parlait un peu moins mal, il disparaissait, il devenait transparent, et on voyait le mur à travers.

LE JEUNE SOLDAT — Et dès qu'il parlait mal, on le voyait très bien. Mais on le voyait mal dès qu'il parlait bien

et qu'il recommençait la même chose : « La reine
Jocaste. Il faut… il faut… la reine… la reine… la
reine Jocaste… Il faut prévenir la reine… Il faut prévenir la reine Jocaste… Je vous demande, messieurs,
je vous demande, je… je…. Messieurs… je vous…
il faut… il faut… je vous demande, messieurs, de
prévenir… je vous demande… La reine… la reine
Jocaste… de prévenir la reine Jocaste… de prévenir,
messieurs, de prévenir… Messieurs… Messieurs…
Messieurs… » C'est comme ça qu'il faisait.

LE SOLDAT — Et on voyait qu'il avait peur de disparaître
sans avoir dit toutes ses paroles jusqu'à la fin.

LE JEUNE SOLDAT — Et dis voir, écoute un peu, tu te rap-
pelles : chaque fois le même truc : la tache rouge part
la dernière. On dirait un fanal sur le mur, chef.

LE SOLDAT — Tout ce qu'on raconte, c'est l'affaire
d'une minute !

LE JEUNE SOLDAT — Il est apparu à la même place, cinq
fois, toutes les nuits un peu avant l'aurore.

LE SOLDAT — C'est seulement la nuit dernière, après
une séance pas comme les autres… enfin, bref, on
s'est un peu battus, et mon collègue a décidé de tout
dire à la maison.

LE CHEF — Tiens ! Tiens ! Et en quoi consistait cette
séance « pas comme les autres », qui a, si je ne me
trompe, provoqué entre vous une dispute…

LE SOLDAT — Eh bien, chef… Vous savez, la garde,
c'est pas très folichon.

LE JEUNE SOLDAT — Alors le fantôme, on l'attendait plutôt.

LE SOLDAT — On pariait, on se disait :

LE JEUNE SOLDAT — Viendra.

LE SOLDAT — Viendra pas…

LE JEUNE SOLDAT — Viendra…

LE SOLDAT — Viendra pas… et tenez, c'est drôle à dire, mais ça soulageait de le voir.

LE JEUNE SOLDAT — C'était comme qui dirait une habitude.

LE SOLDAT — On finissait par imaginer qu'on le voyait quand on ne le voyait pas. On se disait : Ça bouge ! Le mur s'allume. Tu ne vois rien ? Non. Mais si. Là, là, je te dis… Le mur n'est pas pareil, voyons, regarde, regarde !

LE JEUNE SOLDAT — Et on regardait, on se crevait les yeux, on n'osait plus bouger.

LE SOLDAT — On guettait la moindre petite différence.

LE JEUNE SOLDAT — Enfin, quand ça y était, on respirait, et on n'avait plus peur du tout.

LE SOLDAT — L'autre nuit, on guettait, on guettait, on se crevait les yeux, et on croyait qu'il ne se montrerait pas, lorsqu'il arrive, en douce… pas du tout vite comme les premières nuits, et une fois visible, il change ses phrases, et il nous raconte tant bien que mal qu'il est arrivé une chose atroce, une chose de la mort, une chose qu'il ne peut pas expliquer aux vivants. Il parlait d'endroits où il peut aller, et d'endroits où il ne peut pas aller, et qu'il s'est rendu où il ne devait pas se rendre, et qu'il savait un secret qu'il ne devait pas savoir, et qu'on allait le découvrir et le punir, et qu'ensuite, on lui défendrait d'apparaître, qu'il ne pourrait plus jamais apparaître. (*Voix solennelle.*) « Je mourrai ma dernière mort[1] », qu'il disait, « et ce sera fini, fini. Vous voyez, messieurs, il n'y a plus une minute à perdre. Courez ! Prévenez la reine ! Cherchez Tirésias ! Messieurs ! Messieurs !

---

1. « Je mourrai ma dernière mort » : la construction irrégulière rend plus frappante la notion exprimée.

ayez pitié !… » Et il suppliait, et le jour se levait. Et il restait là.

LE JEUNE SOLDAT — Brusquement, on a cru qu'il allait devenir fou.

LE SOLDAT — À travers des phrases sans suite, on comprend qu'il a quitté son poste, quoi… qu'il ne sait plus disparaître, qu'il est perdu. On le voyait bien faire les mêmes cérémonies pour devenir invisible que pour rester visible, et il n'y arrivait pas. Alors, voilà qu'il nous demande de l'insulter, parce qu'il a dit comme ça que d'insulter les revenants c'était le moyen de les faire partir. Le plus bête, c'est qu'on n'osait pas. Plus il répétait : « Allez ! Allez ! jeunes gens, insultez-moi ! Criez, ne vous gênez pas… Allez donc ! » plus on prenait l'air gauche.

LE JEUNE SOLDAT — Moins on trouvait quoi dire !…

LE SOLDAT — Ça, par exemple ! Et pourtant, c'est pas faute de gueuler après les chefs.

LE CHEF — Trop aimables, messieurs ! Trop aimables. Merci pour les chefs…

LE SOLDAT — Oh ! chef ! Ce n'est pas ce que j'ai voulu dire… J'ai voulu dire… J'ai voulu parler des princes, des têtes couronnées, des ministres, du gouvernement quoi… du pouvoir ! On avait même souvent causé de choses injustes… Mais le roi était un si brave fantôme, le pauvre roi Laïus, que les gros mots ne nous sortaient pas de la gorge. Et il nous excitait, lui, et nous, on bafouillait : Va donc, eh ! Va donc, espèce de vieille vache ! Enfin, on lui jetait des fleurs.

LE JEUNE SOLDAT — Parce qu'il faut vous expliquer, chef : Vieille vache est un petit nom d'amitié entre soldats.

LE CHEF — Il vaut mieux être prévenu.

LE SOLDAT — Va donc ! Va donc, eh !… Tête de… Espèce de… Pauvre fantôme. Il restait suspendu entre la vie et la mort, et il crevait de peur à cause des coqs et du soleil. Quand tout à coup, on a vu le mur redevenir le mur, la tache s'éteindre. On était crevés de fatigue.

LE JEUNE SOLDAT — C'est après cette nuit-là que j'ai décidé de parler à son oncle, puisqu'il refusait de parler lui-même.

LE CHEF — Il ne m'a pas l'air très exact, votre fantôme.

LE SOLDAT — Oh! chef, vous savez, il ne se montrera peut-être plus.

LE CHEF — Je le gêne.

LE SOLDAT — Non, chef. Mais après l'histoire d'hier…

LE CHEF — Il est très poli votre fantôme d'après tout ce que vous me racontez. Il apparaîtra, je suis tranquille. D'abord la politesse des rois, c'est l'exactitude, et la politesse des fantômes consiste à prendre forme humaine, d'après votre ingénieuse théorie.

LE SOLDAT — C'est possible, chef, mais c'est aussi possible que chez les fantômes il n'y ait plus de rois, et qu'on puisse confondre un siècle avec une minute. Alors si le fantôme apparaît dans mille ans au lieu d'apparaître ce soir.

LE CHEF — Vous m'avez l'air d'une forte tête, mon garçon; et la patience a des bornes. Donc, je vous dis que ce fantôme apparaîtra. Je vous dis que ma présence le dérange, et je vous dis que personne d'étranger au service ne doit passer sur le chemin de ronde.

LE SOLDAT — Oui, chef.

LE CHEF, *il éclate.* — Donc, fantôme ou pas fantôme, je vous ordonne d'empêcher de passer le premier individu qui se présente ici, sans avoir le mot de passe, c'est compris?

LE SOLDAT — Oui, chef!

LE CHEF — Et n'oubliez pas votre ronde. Rompez!

Les deux soldats s'immobilisent au port d'armes.

LE CHEF, *fausse sortie.* — N'essayez pas de faire le malin ! Je vous ai à l'œil !

Il disparaît. Long silence.

LE SOLDAT — Autant !

LE JEUNE SOLDAT — Il a cru qu'on se payait sa gueule.

LE SOLDAT — Non, ma vieille ! Il a cru qu'on se payait la nôtre.

LE JEUNE SOLDAT — La nôtre ?

LE SOLDAT — Oui, ma vieille. Je sais beaucoup de choses par mon oncle, moi. La reine, elle est gentille, mais au fond, on ne l'aime pas, on la trouve un peu… (*Il se cogne la tête.*) On dit qu'elle est excentrique et qu'elle a un accent étranger, et qu'elle est sous l'influence de Tirésias. Ce Tirésias conseille à la reine tout ce qui peut lui causer du tort. Faites ci… faites ça… Elle lui raconte ses rêves, elle lui demande s'il faut se lever du pied droit ou du pied gauche ; et il la mène par le bout du nez et il lèche les bottes du frère, et il complote[1] avec contre la sœur. Tout ça, c'est du sale monde. Je parierais que le chef a cru que le fantôme était de la même eau que le Sphinx. Un truc des prêtres pour attirer Jocaste et lui faire croire ce qu'on veut lui faire croire.

LE JEUNE SOLDAT — Non ?

LE SOLDAT — Ça t'épate. Eh bien, c'est comme ça… (*Voix très basse.*) Et moi, j'y crois au fantôme, moi qui te parle, mais c'est justement parce que j'y crois

1. « Il complote » : l'idée du complot Créon-Tirésias existe chez Sophocle.

et qu'ils n'y croient pas, *eux*, que je te conseille de
te tenir tranquille. Tu as déjà réussi du beau travail.
Pige-moi ce rapport : « A fait preuve d'une grande
intelligence très au-dessus de son grade »...

LE JEUNE SOLDAT — N'empêche que si notre roi...

LE SOLDAT — Notre roi !... Notre roi !... Minute !... Un
roi mort n'est pas un roi en vie. La preuve : Si le roi
Laïus était vivant, hein ! entre nous, il se débrouille-
rait tout seul et il ne viendrait pas te chercher pour
faire ses commissions en ville.

Ils s'éloignent à gauche, par le chemin de ronde.

LA VOIX DE JOCASTE, *en bas des escaliers. Elle a un
accent très fort : cet accent international des royalties*[1]. — Encore un escalier ! Je déteste les escaliers !
Pourquoi tous ces escaliers ? On n'y voit rien ! Où
sommes-nous ?

LA VOIX DE TIRÉSIAS — Mais, madame, vous savez ce que
je pense de cette escapade, et que ce n'est pas moi...

LA VOIX DE JOCASTE — Taisez-vous, Zizi. Vous n'ouvrez
la bouche que pour dire des sottises. Voilà bien le
moment de faire la morale.

LA VOIX DE TIRÉSIAS — Il fallait prendre un autre guide.
Je suis presque aveugle.

LA VOIX DE JOCASTE — À quoi sert d'être devin, je
demande ! Vous ne savez même pas où se trouvent

---

1. « Royalties » : il faut comprendre, des personnes de sang
royal. Selon la légende, Jocaste n'est pas une princesse étrangère,
elle est de Thèbes comme son frère Créon.

Cocteau dit avoir emprunté les rapports de Tirésias et de Jocaste
aux lettres de Raspoutine et de l'impératrice de Russie. À l'époque
de la rédaction de la pièce, Cocteau a une liaison avec Natalie Paley,
descendante de la famille impériale russe.

les escaliers. Je vais me casser une jambe ! Ce sera
votre faute, Zizi, votre faute, comme toujours.

TIRÉSIAS — Mes yeux de chair s'éteignent au bénéfice
d'un œil intérieur, d'un œil qui rend d'autres services
que de compter les marches des escaliers !

JOCASTE — Le voilà vexé avec son œil ! Là ! là ! On vous
aime, Zizi ; mais les escaliers me rendent folle. Il fallait venir, Zizi, il le fallait !

TIRÉSIAS — Madame…

JOCASTE — Ne soyez pas têtu. Je ne me doutais pas qu'il
y avait ces maudites marches. Je vais monter à reculons. Vous me retiendrez. N'ayez pas peur. C'est
moi qui vous dirige. Mais si je regardais les marches,
je tomberais. Prenez-moi les mains. En route !

Ils apparaissent.

Là… là… là… quatre, cinq, six, sept…

*… Jocaste arrive sur la plate-forme et se dirige
vers la gauche. Tirésias marche sur le bout de son
écharpe. Elle pousse un cri.*

TIRÉSIAS — Qu'avez-vous ?

JOCASTE — C'est votre pied, Zizi ! Vous marchez sur
mon écharpe.

TIRÉSIAS — Pardonnez-moi…

JOCASTE — Encore, il se vexe ! Mais ce n'est pas contre
toi que j'en ai… C'est contre cette écharpe ! Je suis
entourée d'objets qui me détestent ! Tout le jour
cette écharpe m'étrangle. Une fois, elle s'accroche
aux branches, une autre fois, c'est le moyeu d'un
char où elle s'enroule, une autre fois tu marches dessus. C'est un fait exprès. Et je la crains, je n'ose pas

m'en séparer. C'est affreux ! C'est affreux ! Elle me tuera[1].

TIRÉSIAS — Voyez dans quel état sont vos nerfs.

JOCASTE — Et à quoi sert ton troisième œil, je demande ? As-tu trouvé le Sphinx ? As-tu trouvé les assassins de Laïus ? As-tu calmé le peuple ? On met des gardes à ma porte et on me laisse avec des objets qui me détestent, qui veulent ma mort !

TIRÉSIAS — Sur un simple racontar…

JOCASTE — Je sens les choses. Je sens les choses mieux que vous tous ! (*Elle montre son ventre.*) Je les sens là ! A-t-on fait tout ce qu'on a pu pour découvrir les assassins de Laïus ?

TIRÉSIAS — Madame sait bien que le Sphinx rendait les recherches impossibles.

JOCASTE — Eh bien, moi, je me moque de vos entrailles de poulets… Je sens, là… que Laïus souffre et qu'il veut se plaindre. J'ai décidé de tirer cette histoire au clair, et d'entendre moi-même ce jeune garde ; et je l'en-ten-drai. Je suis votre reine, Tirésias, ne l'oubliez pas.

TIRÉSIAS — Ma petite brebis, il faut comprendre un pauvre aveugle qui t'adore, qui veille sur toi et qui voudrait que tu dormes dans ta chambre au lieu de courir après une ombre, une nuit d'orage, sur les remparts.

JOCASTE, *mystérieuse.* — Je ne dors pas.

TIRÉSIAS — Vous ne dormez pas ?

JOCASTE — Non, Zizi, je ne dors pas. Le Sphinx, le meurtre de Laïus, m'ont mis les nerfs à bout. Tu avais

---

1. La danseuse Isadora Duncan fut étranglée par son écharpe qui s'était prise dans la roue d'une voiture de sport qu'elle essayait sur la promenade des Anglais à Nice, le soir du 14 septembre 1927. Cocteau s'est inspiré de cet accident pour raconter la mort de Michaël dans *Les Enfants terribles*.

raison de me le dire. Je ne dors plus et c'est mieux, car, si je m'endors une minute, je fais un rêve, un seul et je reste malade toute la journée.

TIRÉSIAS — N'est-ce pas mon métier de déchiffrer les rêves?…

JOCASTE — L'endroit du rêve ressemble un peu à cette plate-forme; alors je te le raconte. Je suis debout, la nuit; je berce une espèce de nourrisson. Tout à coup, ce nourrisson devient une pâte gluante qui me coule entre les doigts. Je pousse un hurlement et j'essaie de lancer cette pâte; mais… oh! Zizi… Si tu savais, c'est immonde… Cette chose, cette pâte reste reliée à moi et quand je me crois libre, la pâte revient à toute vitesse et gifle ma figure. Et cette pâte est vivante. Elle a une espèce de bouche qui se colle sur ma bouche. Et elle se glisse partout : elle cherche mon ventre, mes cuisses. Quelle horreur!

TIRÉSIAS — Calmez-vous.

JOCASTE — Je ne veux plus dormir, Zizi… Je ne veux plus dormir. Écoute la musique. Où est-ce? Ils ne dorment pas non plus. Ils ont de la chance avec cette musique. Ils ont peur, Zizi… Ils ont raison. Ils doivent rêver des choses épouvantables et ils ne veulent pas dormir. Et au fait, pourquoi cette musique? Pourquoi permet-on cette musique? Est-ce que j'ai de la musique pour m'empêcher de dormir? Je ne savais pas que ces boîtes restaient ouvertes toute la nuit. Pourquoi ce scandale, Zizi? Il faut que Créon donne des ordres! Il faut empêcher cette musique! Il faut que ce scandale cesse immédiatement.

TIRÉSIAS — Madame, je vous conjure de vous calmer et de vous en retourner. Ce manque de sommeil vous met hors de vous. Nous avons autorisé les musiques afin que le peuple ne se démoralise pas, pour soutenir le moral. Il y aurait des crimes… et pire, si on ne dansait pas dans le quartier populaire.

JOCASTE — Est-ce que je danse, moi?

TIRÉSIAS — Ce n'est pas pareil. Vous portez le deuil de Laïus.

JOCASTE — Et tous sont en deuil, Zizi. Tous! Tous! Tous! et ils dansent, et je ne danse pas. C'est trop injuste… Je veux…

TIRÉSIAS — On vient, madame.

JOCASTE — Écoute, Zizi, je tremble, je suis sortie avec tous mes bijoux.

TIRÉSIAS — N'ayez crainte. Sur le chemin de ronde, on ne rencontre pas de rôdeurs. C'est certainement une patrouille.

JOCASTE — Peut-être le soldat que je cherche?

TIRÉSIAS — Ne bougez pas. Nous allons le savoir.

Les soldats entrent. Ils aperçoivent Jocaste et Tirésias.

LE JEUNE SOLDAT — Bouge pas, on dirait du monde.

LE SOLDAT — D'où sortent-ils? (*Haut*) Qui va là?

TIRÉSIAS, *à la reine.* — Nous allons avoir des ennuis… (*Haut.*) Écoutez, mes braves…

LE JEUNE SOLDAT — Avez-vous le mot?

TIRÉSIAS — Vous voyez, madame, qu'il fallait prendre le mot. Vous nous entraînez dans une histoire impossible.

JOCASTE — Le mot? Pourquoi le mot? Quel mot? Vous êtes ridicule, Zizi. Je vais lui parler, moi.

TIRÉSIAS — Madame, je vous conjure. Il y a une consigne. Ces gardes peuvent ne pas vous connaître et ne pas me croire. C'est très dangereux.

JOCASTE — Que vous êtes romanesque ! Vous voyez des drames partout.

LE SOLDAT — Ils se concertent. Ils veulent peut-être nous sauter dessus.

TIRÉSIAS, *aux soldats.* — Vous n'avez rien à craindre. Je suis vieux et presque aveugle. Laissez-moi vous expliquer ma présence sur ces remparts, et la présence de la personne qui m'accompagne.

LE SOLDAT — Pas de discours. Nous voulons le mot.

TIRÉSIAS — Une minute. Une minute. Écoutez, mes braves. Avez-vous déjà vu des pièces d'or ?

LE SOLDAT — Tentative de corruption.

> *Il s'éloigne vers la gauche pour garder le chemin de ronde et laisse le jeune soldat en face de Tirésias.*

TIRÉSIAS — Vous vous trompez. Je voulais dire : avez-vous déjà vu le portrait de la reine sur une pièce d'or ?

LE JEUNE SOLDAT — Oui !

TIRÉSIAS, *s'effaçant et montrant la reine, qui compte les étoiles, de profil.* — Et… vous ne reconnaissez pas…

LE JEUNE SOLDAT — Je ne vois pas le rapport que vous cherchez à établir entre la reine qui est toute jeune, et cette matrone.

LA REINE — Que dit-il ?

TIRÉSIAS — Il dit qu'il trouve madame bien jeune pour être la reine…

LA REINE — Il est amusant !

TIRÉSIAS, *au soldat.* — Cherchez-moi votre chef.

LE SOLDAT — Inutile. J'ai des ordres. Filez, et vite.

TIRÉSIAS — Vous aurez de mes nouvelles !

LA REINE — Zizi, quoi encore ? Que dit-il ?

Entre le chef.

LE CHEF — Qu'est-ce que c'est ?

LE JEUNE SOLDAT — Chef ! Voilà deux individus qui circulent sans le mot de passe.

LE CHEF, *s'avançant vers Tirésias.* — Qui êtes-vous ? (*Brusquement il le reconnaît.*) Monseigneur ! (*Il s'incline.*) Que d'excuses.

TIRÉSIAS — Ouf ! Merci, capitaine. J'ai cru que ce jeune brave allait nous passer par les armes.

LE CHEF — Monseigneur ! Me pardonnerez-vous ? (*Au jeune soldat.*) Imbécile ! Laisse-nous.

Le jeune soldat rejoint son camarade à l'extrême gauche.

LE SOLDAT, *au jeune soldat.* — C'est la gaffe !

TIRÉSIAS — Ne le grondez pas. Il observait sa consigne…

LE CHEF — Une pareille visite… En ce lieu ! Que puis-je faire pour Votre Seigneurie ?

TIRÉSIAS, *découvrant Jocaste.* — Sa Majesté !…

Haut-le-corps du chef.

LE CHEF, *il s'incline à distance respectueuse.* — Madame !…

JOCASTE — Pas de protocole ! Je voudrais savoir quel est le garde qui a vu le fantôme ?

LE CHEF — C'est le jeune maladroit qui se permettait de rudoyer le seigneur Tirésias, et si madame…

JOCASTE — Voilà, Zizi. C'est de la chance ! J'ai eu raison de venir… (*Au chef.*) Dites-lui qu'il approche.

LE CHEF, *à Tirésias.* — Monseigneur. Je ne sais pas si la reine se rend bien compte que ce jeune soldat s'expli-

querait mieux par l'entremise de son chef et que s'il
parle seul, Sa Majesté risque…

JOCASTE — Quoi encore, Zizi?

TIRÉSIAS — Le chef me faisait remarquer, madame,
qu'il a l'habitude de ses hommes et qu'il pourrait en
quelque sorte servir d'interprète.

JOCASTE — Ôtez le chef! Est-ce que le garçon a une
langue ou non? Qu'il approche.

TIRÉSIAS, *au chef, bas.* — N'insistez pas, la reine est très
nerveuse…

LE CHEF — Bon… (*Il va vers les soldats; au jeune soldat.*) La reine veut te parler. Et surveille ta langue. Je
te revaudrai ça, mon gaillard.

JOCASTE — Approchez!

Le chef pousse le jeune soldat.

LE CHEF — Allons, va! Va donc, nigaud, avance, on
ne te mangera pas. Excusez-le, Majesté. Nos lascars
n'ont guère l'habitude des cours.

JOCASTE, *à Tirésias.* — Priez cet homme de nous laisser
seuls avec le soldat.

TIRÉSIAS — Mais, madame…

JOCASTE — Il n'y a pas de mais, madame… Si ce capitaine reste une minute de plus, je lui donne un coup
de pied.

TIRÉSIAS — Écoutez, chef.

Il le tire un peu à l'écart.

La reine veut rester seule avec le garde qui a vu la
chose. Elle a des caprices. Elle vous noterait mal, et
je n'y pourrais rien.

LE CHEF — C'est bon. Je vous laisse… Moi, si je restais
c'est que… enfin… Je n'ai pas de conseils à vous

donner, monseigneur… Mais de vous à moi, méfiez-
vous de cette histoire de fantôme. (*Il s'incline.*) Monseigneur… (*Long salut vers la reine. Il passe près
du soldat.*) Hop ! La reine veut rester seule avec ton
collègue.

JOCASTE — Qui est l'autre ? A-t-il vu le fantôme ?

LE JEUNE SOLDAT — Oui, Majesté, nous étions de garde
tous les deux.

JOCASTE — Alors qu'il reste. Qu'il reste là ! Je l'appelle-
rai si j'ai besoin de lui. Bonsoir, capitaine vous êtes
libre.

LE CHEF, *au soldat.* — Nous en reparlerons !

Il sort.

TIRÉSIAS, *à la reine.* — Vous avez blessé ce capitaine
à mort.

JOCASTE — C'est bien son tour. D'habitude, les hommes
sont blessés à mort et jamais les chefs. (*Au jeune soldat.*) Quel âge as-tu ?

LE JEUNE SOLDAT — Dix-neuf ans.

JOCASTE — Juste son âge ! Il aurait son âge… Il est beau !
Avance un peu. Regarde-moi. Zizi, quels muscles !
J'adore les genoux. C'est aux genoux qu'on voit la
race. Il lui ressemblerait… Il est beau, Zizi, tâte ces
biceps, on dirait du fer…

TIRÉSIAS — Hélas ! Madame, vous le savez… je n'ai
aucune compétence. J'y vois fort mal…

JOCASTE — Alors tâte… Tâte-le. Il a une cuisse de
cheval. Il se recule ! N'aie pas peur… le papa est
aveugle. Dieu sait ce qu'il imagine, le pauvre ; il est
tout rouge ! Il est adorable ! Il a dix-neuf ans !

LE JEUNE SOLDAT — Oui, Majesté.

JOCASTE, *l'imitant.* — Oui, Majesté ! N'est-il pas exquis ?
Ah ! misère ! Il ne sait peut-être même pas qu'il est

beau. (*Comme on parle à un enfant.*) Alors… tu as vu le fantôme ?

LE JEUNE SOLDAT — Oui, Majesté !

JOCASTE — Le fantôme du roi Laïus ?

LE JEUNE SOLDAT — Oui, Majesté. Le roi nous a dit qu'il était le roi.

JOCASTE — Zizi… avec vos poulets et vos étoiles, que savez-vous ? Écoute le petit… Et que disait le roi ?

TIRÉSIAS, *entraînant la reine.* — Madame ! Méfiez-vous, cette jeunesse a la tête chaude, elle est crédule… arriviste… Méfiez-vous. Êtes-vous sûre que ce garçon ait vu ce fantôme, et, en admettant qu'il l'ait vu, était-ce bien le fantôme de votre époux ?

JOCASTE — Dieux ! Que vous êtes insupportable. Insupportable et trouble-fête. Toujours, vous arrêtez l'élan, vous empêchez les miracles avec votre intelligence et votre incrédulité. Laissez-moi interroger ce garçon toute seule, je vous prie. Vous prêcherez après. (*Au jeune soldat.*) Écoute…

LE JEUNE SOLDAT — Majesté !…

JOCASTE, *à Tirésias.* — Je vais bien savoir tout de suite, s'il a vu Laïus. (*Au jeune soldat.*) Comment parlait-il ?

LE JEUNE SOLDAT — Il parlait vite et beaucoup, Majesté, beaucoup, et il s'embrouillait, et il n'arrivait pas à dire ce qu'il voulait dire.

JOCASTE — C'est lui ! Pauvre cher ! Mais pourquoi sur ces remparts ? Cela empeste…

LE JEUNE SOLDAT — C'est justement, Majesté… Le fantôme disait que c'est à cause des marécages et des vapeurs qu'il pouvait apparaître.

JOCASTE — Que c'est intéressant ! Tirésias, jamais vous n'apprendrez cela dans vos volailles. Et que disait-il ?

TIRÉSIAS — Madame, madame, au moins faudrait-il interroger avec ordre. Vous allez faire perdre la tête à ce gamin.

JOCASTE — C'est juste, Zizi, très juste.

Au jeune soldat.

Comment était-il ? Comment le voyiez-vous ?

LE JEUNE SOLDAT — Dans le mur, Majesté. C'est comme qui dirait une espèce de statue transparente. On voit surtout la barbe et le trou noir de la bouche qui parle, et une tache rouge, sur la tempe, une tache rouge vif.

JOCASTE — C'est du sang !

LE JEUNE SOLDAT — Tiens ! On n'y avait pas pensé.

JOCASTE — C'est une blessure ! C'est épouvantable ! (*Laïus apparaît.*) Et que disait-il ? Avez-vous compris quelque chose ?

LE JEUNE SOLDAT — C'est difficile, Majesté. Mon camarade a remarqué qu'il se donnait beaucoup de mal pour apparaître, et que chaque fois qu'il se donnait du mal pour s'exprimer clairement, il disparaissait ; alors il ne savait plus comment s'y prendre.

JOCASTE — Le pauvre !

LE FANTÔME — Jocaste ! Jocaste ! Ma femme Jocaste !

Ils ne le voient ni ne l'entendent pendant toute la scène.

TIRÉSIAS, *s'adressant au soldat.* — Et vous n'avez rien pu saisir de clair ?

LE FANTÔME — Jocaste !

LE SOLDAT — C'est-à-dire, si, monseigneur. On comprenait qu'il voulait vous prévenir d'un danger, vous mettre en garde, la reine et vous, mais c'est tout. La dernière fois, il a expliqué qu'il avait su des secrets qu'il ne devait pas savoir, et que si on le découvrait, il ne pourrait plus apparaître.

LE FANTÔME — Jocaste! Tirésias! Ne me voyez-vous pas? Ne m'entendez-vous pas?

JOCASTE — Et il ne disait rien d'autre? Il ne précisait rien?

LE SOLDAT — Dame! Majesté, il ne voulait peut-être pas préciser en notre présence. Il vous réclamait. C'est pourquoi mon camarade a essayé de vous prévenir.

JOCASTE — Les braves garçons! Et je suis venue. Je le savais bien. Je le sentais là! Tu vois, Zizi, avec tes doutes. Et dites, petit soldat, où le spectre apparaissait-il? Je veux toucher la place exacte.

LE FANTÔME — Regarde-moi! Écoute-moi, Jocaste! Gardes, vous m'avez toujours vu. Pourquoi ne pas me voir? C'est un supplice. Jocaste! Jocaste!

> *Pendant ces répliques, le soldat s'est rendu à l'endroit où le fantôme se manifeste. Il le touche de la main.*

LE SOLDAT — C'est là. (*Il frappe le mur.*) Là, dans le mur.

LE JEUNE SOLDAT — Ou devant le mur; on ne peut pas se rendre bien compte.

JOCASTE — Mais pourquoi n'apparaît-il pas cette nuit? Croyez-vous qu'il puisse encore apparaître?

LE FANTÔME — Jocaste! Jocaste! Jocaste!

LE SOLDAT — Hélas! madame, je ne crois pas, après la scène d'hier. J'ai peur qu'il y ait eu du grabuge, et que Votre Majesté arrive trop tard.

JOCASTE — Quel malheur! Toujours trop tard, Zizi, je suis toujours informée la dernière dans le royaume. Que de temps perdu avec vos poulets et vos oracles! Il fallait courir. Il fallait deviner. Nous ne saurons rien! rien! rien! Et il y aura des cataclysmes, des cataclysmes épouvantables. Et ce sera votre faute, Zizi, votre faute, comme toujours.

TIRÉSIAS — Madame, la reine parle devant ces hommes…

JOCASTE — Oui, je parle devant ces hommes! Je vais me gêner, peut-être? Et le roi Laïus, le roi Laïus mort, a parlé devant ces hommes. Il ne vous a pas parlé, à vous, Zizi, ni à Créon. Il n'a pas été se montrer au temple. Il s'est montré sur le chemin de ronde, à ces hommes, à ce garçon de dix-neuf ans qui est beau et qui ressemble…

TIRÉSIAS — Je vous conjure…

JOCASTE — C'est vrai, je suis nerveuse, il faut comprendre. Ces dangers, ce spectre, cette musique, cette odeur de pourriture… Et il y a de l'orage. Mon épaule me fait mal. J'étouffe, Zizi, j'étouffe.

LE FANTÔME — Jocaste! Jocaste!

JOCASTE — Il me semble entendre mon nom. Vous n'avez rien entendu?

TIRÉSIAS — Ma petite biche. Vous n'en pouvez plus. Le jour se lève. Vous rêvez debout. Savez-vous seulement si cette histoire de fantôme ne résulte pas de la fatigue de ces jeunes gens qui veillent, qui se forcent à ne pas dormir, qui vivent dans cette atmosphère marécageuse, déprimante?

LE FANTÔME — Jocaste! Par pitié, écoute-moi! Regarde-moi! Messieurs, vous êtes bons. Retenez la reine. Tirésias! Tirésias!

TIRÉSIAS, *au jeune soldat.* — Éloignez-vous une seconde, je voudrais parler à la reine.

Le jeune soldat rejoint son camarade.

LE SOLDAT — Eh bien, mon fils ! Alors ça y est ! C'est le béguin. La reine te pelote.

LE JEUNE SOLDAT — Dis donc !…

LE SOLDAT — Ta fortune est faite. N'oublie pas les camarades.

TIRÉSIAS — … Écoutez ! Des coqs. Le fantôme ne viendra plus. Rentrons.

JOCASTE — Tu as vu comme il est beau.

TIRÉSIAS — Ne réveille pas ces tristesses, ma colombe. Si tu avais un fils…

JOCASTE — Si j'avais un fils, il serait beau, il serait brave, il devinerait l'énigme, il tuerait le Sphinx. Il reviendrait vainqueur.

TIRÉSIAS — Et vous n'auriez pas de mari.

JOCASTE — Les petits garçons disent tous : « Je veux devenir un homme pour me marier avec maman. » Ce n'est pas si bête, Tirésias. Est-il plus doux ménage, ménage plus doux et plus cruel, ménage plus fier de soi, que ce couple d'un fils et d'une mère jeune ? Écoute, Zizi, tout à l'heure, lorsque j'ai touché le corps de ce garde, les dieux savent ce qu'il a dû croire, le pauvret, et moi, j'ai failli m'évanouir. Il aurait dix-neuf ans, Tirésias, dix-neuf ans ! L'âge de ce soldat. Savons-nous si Laïus ne lui est pas apparu parce qu'il lui ressemble.

Coqs.

LE FANTÔME — Jocaste ! Jocaste ! Jocaste ! Tirésias ! Jocaste !

TIRÉSIAS, *aux soldats.* — Mes amis, pensez-vous qu'il soit utile d'attendre encore ?

LE FANTÔME — Par pitié !

LE SOLDAT — Franchement non, monseigneur. Les coqs chantent. Il n'apparaîtra plus.

LE FANTÔME — Messieurs ! De grâce ! Suis-je invisible ? Ne pouvez-vous m'entendre ?

JOCASTE — Allons ! je serai obéissante. Mais je reste heureuse d'avoir interrogé le garçon. Il faut que tu saches comment il s'appelle, où il habite. (*Elle se dirige vers l'escalier.*) J'oubliais cet escalier ! Zizi… Cette musique me rend malade. Écoute, nous allons revenir par la haute ville, par les petites rues, et nous visiterons les boîtes.

TIRÉSIAS — Madame, vous n'y pensez pas !

JOCASTE — Voilà qu'il recommence ! Il me rendra folle ! folle ! Folle et idiote ! J'ai des voiles, Zizi, comment voulez-vous qu'on me reconnaisse ?

TIRÉSIAS — Ma colombe, vous l'avez dit vous-même, vous êtes sortie du palais avec tous vos bijoux. Votre broche seule a des perles grosses comme un œuf.

JOCASTE — Je suis une victime ! Les autres peuvent rire, danser, s'amuser. Crois-tu que je vais laisser à la maison cette broche qui crève l'œil de tout le monde. Appelez le garde. Dites-lui qu'il m'aide à descendre les marches ; vous, vous nous suivrez.

TIRÉSIAS — Mais, madame, puisque le contact de ce jeune homme vous affecte…

JOCASTE — Il est jeune, il est fort ; il m'aidera ; et je ne me romprai pas le cou. Obéissez au moins une fois à votre reine.

TIRÉSIAS — Hep !… Non, lui… Oui, toi… Aide la reine à descendre les marches…

LE SOLDAT — Eh bien, ma vieille !

LE JEUNE SOLDAT, *il approche.* — Oui, monseigneur.

LE FANTÔME — Jocaste ! Jocaste ! Jocaste !

JOCASTE — Il est timide ! Et les escaliers me détestent. Les escaliers, les agrafes, les écharpes. Oui ! Oui ! ils me détestent ! Ils veulent ma mort.

Un cri.

Ho !

LE JEUNE SOLDAT — La reine s'est fait mal ?

TIRÉSIAS — Mais non, stupide ! Votre pied ! Votre pied !

LE JEUNE SOLDAT — Quel pied ?

TIRÉSIAS — Votre pied sur le bout de l'écharpe. Vous avez failli étrangler la reine.

LE JEUNE SOLDAT — Dieux !

JOCASTE — Zizi, vous êtes le comble du ridicule. Pauvre mignon. Voilà que tu le traites d'assassin parce qu'il a marché comme toi, sur cette écharpe. Ne vous tourmentez pas, mon fils, monseigneur est absurde. Il ne manque pas une occasion de faire de la peine.

TIRÉSIAS — Mais, madame…

JOCASTE — C'est vous le maladroit. Venez. Merci, mon garçon. Vous écrirez au temple votre nom et votre adresse. Une, deux, trois, quatre… C'est superbe ! Tu vois, Zizi, comme je descends bien. Onze, douze… Zizi, vous suivez, il reste encore deux marches. (*Au soldat.*) Merci. Je n'ai plus besoin de vous. Aidez le grand-père.

Jocaste disparaît par la droite avec Tirésias. On entend les coqs.

LA VOIX DE JOCASTE — Par votre faute, je ne saurai jamais ce que voulait mon pauvre Laïus.

LE FANTÔME — Jocaste !

LA VOIX DE TIRÉSIAS — Tout cela est bien vague.

LA VOIX DE JOCASTE — Quoi ? bien vague. Qu'est-ce que c'est vague ? C'est vous qui êtes vague avec votre troisième œil. Voilà un garçon qui sait ce qu'il a vu, et il a vu le roi ; avez-vous vu le roi ?

LA VOIX DE TIRÉSIAS — Mais…

LA VOIX DE JOCASTE — L'avez-vous vu ?… Non… alors… C'est extraordinaire… On dirait.

Les voix s'éteignent.

LE FANTÔME — Jocaste ! Tirésias ! Par pitié !…

Les deux soldats se réunissent et voient le fantôme.

LES DEUX SOLDATS — Oh ! le spectre !

LE FANTÔME — Messieurs, enfin ! Je suis sauvé ! J'appelais, je suppliais…

LE SOLDAT — Vous étiez là ?

LE FANTÔME — Pendant tout votre entretien avec la reine et avec Tirésias. Pourquoi donc étais-je invisible ?

LE JEUNE SOLDAT — Je cours les chercher.

LE SOLDAT — Halte !

LE FANTÔME — Quoi ? Vous l'empêchez.

LE JEUNE SOLDAT — Laisse-moi…

LE SOLDAT — Lorsque le menuisier arrive, la chaise ne boite plus, lorsque tu entres chez le savetier, ta sandale ne te gêne plus, lorsque tu arrives chez le médecin, tu ne sens plus la douleur. Cherche-les ! Il suffira qu'ils arrivent pour que le fantôme disparaisse.

LE FANTÔME — Hélas ! Ces simples savent-ils donc ce que les prêtres ne devinent pas ?

LE JEUNE SOLDAT — J'irai.

LE FANTÔME — Trop tard… Restez. Il est trop tard. Je suis découvert. Ils approchent ; ils vont me prendre.

Ah ! les voilà ! Au secours ! Au secours ! Vite ! Rapportez à la reine qu'un jeune homme approche de Thèbes, et qu'il ne faut sous aucun prétexte… Non ! Non ! Grâce ! Grâce ! Ils me tiennent ! Au secours ! C'est fini ! Je… Je… Grâce… Je… Je… Je…

Long silence. Les deux soldats, de dos, contemplent sans fin, la place du mur où le fantôme a disparu.

LE SOLDAT — Pas drôle !

LE JEUNE SOLDAT — Non !

LE SOLDAT — Ces choses-là nous dépassent, ma vieille.

LE JEUNE SOLDAT — Mais ce qui reste clair, c'est que malgré la mort, ce type a voulu coûte que coûte prévenir sa femme d'un danger qui la menace. Mon devoir est de rejoindre la reine ou le grand prêtre, et de leur répéter ce que nous venons d'entendre, mot pour mot.

LE SOLDAT — Tu veux t'envoyer la reine ?

Le jeune soldat hausse les épaules.

Alors… il n'avait qu'à leur apparaître et à leur parler, ils étaient là. Nous l'avons bien vu, nous, et ils ne le voyaient pas, eux, et même ils nous empêchaient de le voir, ce qui est le comble. Ceci prouve que les rois morts deviennent de simples particuliers. Pauvre Laïus ! Il sait maintenant comme c'est facile d'arriver jusqu'aux grands de la terre.

LE JEUNE SOLDAT — Mais nous ?

LE SOLDAT — Oh ! Nous ! Ce n'est pas sorcier de prendre contact avec des hommes, ma petite vache… Mais vois-tu… des chefs, des reines, des pontifes… ils partent toujours avant que ça se passe, ou bien ils arrivent toujours après que ça a eu lieu.

LE JEUNE SOLDAT — Ça quoi ?

LE SOLDAT — Est-ce que je sais ?... Je me comprends, c'est le principal.

LE JEUNE SOLDAT — Et tu n'irais pas prévenir la reine ?

LE SOLDAT — Un conseil : Laisse les princes s'arranger avec les princes, les fantômes avec les fantômes, et les soldats avec les soldats.

Sonnerie de trompettes.

RIDEAU

ACTE II

LA RENCONTRE D'ŒDIPE ET DU SPHINX

LA VOIX

Spectateurs, nous allons imaginer un recul dans le temps et revivre, ailleurs, les minutes que nous venons de vivre ensemble. En effet, le fantôme de Laïus essaie de prévenir Jocaste, sur une plate-forme des remparts de Thèbes, pendant que le Sphinx et Œdipe se rencontrent sur une éminence qui domine la ville. Mêmes sonneries de trompettes, même lune, mêmes étoiles, mêmes coqs.

DÉCOR

Un lieu désert, sur une éminence qui domine Thèbes, au clair de lune.

La route de Thèbes (de gauche à droite) passe au premier plan. On devine qu'elle contourne une haute pierre penchée, dont la base s'amorce en bas de l'estrade et forme le portant de gauche. Derrière les décombres d'un petit temple, un mur en ruine. Au milieu du mur, un socle intact devait marquer l'entrée du temple et porte les vestiges d'une chimère : une aile, une patte, une croupe.

Colonnes détruites. Pour les ombres finales d'Anubis et de Némésis[1], un disque enregistré par les acteurs déclame leur dialogue, laissant l'actrice mimer la jeune fille morte à tête de chacal.

1. Anubis : dieu de l'Égypte ancienne, chargé d'introduire les morts dans l'autre monde. Némésis : déesse grecque de la Vengeance.

Au lever du rideau, une jeune fille en robe blanche est assise sur les décombres. La tête d'un chacal dont le corps reste invisible derrière elle, repose sur ses genoux.
Trompettes lointaines.

LE SPHINX — Écoute.

LE CHACAL — J'écoute.

LE SPHINX — C'est la dernière sonnerie, nous sommes libres.

Anubis se lève, on voit que la tête de chacal lui appartenait.

LE CHACAL ANUBIS — C'est la première sonnerie. Il en reste encore deux avant la fermeture des portes de Thèbes.

LE SPHINX — C'est la dernière, la dernière, j'en suis sûre !

ANUBIS — Vous en êtes sûre parce que vous désirez la fermeture des portes, mais, hélas ! ma consigne m'oblige à vous contredire ; nous ne sommes pas libres. C'est la première sonnerie. Attendons.

LE SPHINX — Je me trompe peut-être…

ANUBIS — Il n'y a pas l'ombre d'un doute ; vous vous trompez.

LE SPHINX — Anubis !

ANUBIS — Sphinx ?

LE SPHINX — J'en ai assez de tuer. J'en ai assez de donner la mort.

ANUBIS — Obéissons. Le mystère a ses mystères. Les dieux possèdent leurs dieux. Nous avons les nôtres. Ils ont les leurs. C'est ce qui s'appelle l'infini.

LE SPHINX — Tu vois, Anubis, la seconde sonnerie ne se fait pas entendre ; tu te trompais, partons…

ANUBIS — Vous voudriez que cette nuit s'achève sans morts ?

LE SPHINX — Eh bien, oui ! Oui ! Je tremble, malgré l'heure, qu'il ne passe encore quelqu'un.

ANUBIS — Vous devenez sensible.

LE SPHINX — Cela me regarde…

ANUBIS — Ne vous fâchez pas[1].

LE SPHINX — Pourquoi toujours agir sans but, sans terme, sans comprendre. Ainsi, par exemple, Anubis, pourquoi ta tête de chien ? Pourquoi le dieu des morts sous l'apparence que lui supposent les hommes crédules ? Pourquoi en Grèce un dieu d'Égypte ? Pourquoi un dieu à tête de chien ?

ANUBIS — J'admire ce qui vous a fait prendre une figure de femme lorsqu'il s'agissait de poser des questions.

LE SPHINX — Ce n'est pas répondre.

ANUBIS — Je répondrai *que* la logique nous oblige, pour apparaître aux hommes, à prendre l'aspect sous lequel ils nous représentent, sinon, ils ne verraient

---

1. Cocteau a beaucoup raccourci ce dialogue. Dans la brochure remise à Jouvet, Anubis expliquait : « Dois-je vous répéter une fois de plus que monde, tuer, donner la mort, mourir, n'ont pas de sens chez nous. Nos dieux exigent, en tel endroit de la terre, la présence d'un monstre dont vous avez assumé le rôle. Maintenant, que les hommes baptisent ce monstre : le Sphinx, et qu'ils en souffrent, ce sont là des contingences qui ne regardent pas les dieux. »

que du vide. Ensuite : *que* l'Égypte, la Grèce, la mort, le passé, l'avenir n'ont pas de sens chez nous, *que* vous savez trop bien à quelle besogne ma mâchoire de chacal est soumise ; *que* nos maîtres prouvent leur sagesse en m'incarnant sous une forme inhumaine qui m'empêche de perdre la tête, fût-elle une tête de chien ; car j'ai votre garde, et je devine que, s'ils ne vous avaient donné qu'un chien de garde, nous serions à l'heure actuelle à Thèbes, moi en laisse et vous assise au milieu d'une bande de jeunes gens.

LE SPHINX — Tu es stupide !

ANUBIS — Efforcez-vous donc de vous souvenir que ces victimes, qui émeuvent la figure de jeune fille que vous avez prise, ne sont autre chose que zéros essuyés sur une ardoise, même si chacun de ces zéros était une bouche ouverte criant au secours.

LE SPHINX — C'est possible. Mais ici, nos calculs de dieux nous échappent… Ici, nous tuons. Ici, les morts meurent. Ici, je tue !

> *Le Sphinx a parlé, le regard à terre. Pendant sa phrase Anubis a dressé les oreilles, tourné la tête et détalé sans bruit, à travers les ruines où il dispa-raît. Lorsque le Sphinx lève les yeux, il le cherche et se trouve face à face avec un groupe qui entre par la gauche, premier plan, et que le nez d'Anubis avait flairé. Le groupe se compose d'une matrone de Thèbes, de son petit garçon et de sa petite fille. La matrone traîne sa fille. Le garçon marche devant elle.*

LA MATRONE — Regarde où tu mets tes pieds ! Avance ! Ne regarde pas derrière toi ! Laisse ta sœur ! Avance… (*Elle aperçoit le Sphinx contre qui le garçon tré-buche.*) Prends garde ! Je t'avais dit de regarder où tu marches ! Oh ! pardon, madame… Il ne regarde jamais où il marche… Il ne vous a pas fait mal ?

LE SPHINX — Mais pas du tout, madame.

LA MATRONE — Je ne m'attendais pas à rencontrer du monde sur ma route à des heures pareilles.

LE SPHINX — Je suis étrangère, arrivée à Thèbes depuis peu, je retourne chez une parente qui habite la campagne et je m'étais perdue.

LA MATRONE — Pauvre petite ! Et où habite-t-elle, votre parente ?

LE SPHINX — … Aux environs de la douzième borne.

LA MATRONE — Juste d'où j'arrive ! J'ai déjeuné en famille chez mon frère. Il m'a retenue à dîner. Après le dîner, on bavarde, on bavarde, et me voilà qui rentre, après le couvre-feu, avec des galopins qui dorment debout.

LE SPHINX — Bonne nuit, madame.

LA MATRONE — Bonne nuit. (*Fausse sortie.*) Et… dites… ne traînez pas en route. Je sais que ni vous ni moi n'avons grand-chose à craindre… mais je ne serai pas fière tant que je ne serai pas dans les murs.

LE SPHINX — Vous craignez les voleurs ?

LA MATRONE — Les voleurs ! Justes dieux, que pourraient-ils me prendre ? Non, non, ma petite. D'où sortez-vous ? On voit que vous n'êtes pas de la ville. Il s'agit bien des voleurs. Il s'agit du Sphinx !

LE SPHINX — Vous y croyez vraiment, vraiment vous, madame, à cette histoire-là ?

LA MATRONE — Cette histoire-là ! Que vous êtes jeune. La jeunesse est incrédule. Si, si. Voilà comment il arrive des malheurs.

Sans parler du Sphinx, je vous cite un exemple de ma famille. Mon frère, de chez qui je rentre… (*Elle s'assied et baisse la voix.*) Il avait épousé une grande, belle femme blonde, une femme du Nord. Une nuit, il se réveille et qu'est-ce qu'il trouve ? Sa femme couchée, sans tête et sans entrailles. C'était un vampire. Après la première émotion, mon frère ne fait ni une ni deux, il cherche un œuf et le pose sur l'oreiller, à la place de la tête de sa femme. C'est le moyen d'empêcher les vampires de rentrer dans leurs corps. Tout à coup, il entend des plaintes. C'étaient la tête et les entrailles affolées qui voletaient à travers la chambre et qui suppliaient mon frère d'ôter l'œuf. Et mon frère refuse, et la tête passe des plaintes à la colère, de la colère aux larmes et des larmes aux caresses. Bref, mon imbécile de frère ôte l'œuf et laisse rentrer sa femme. Maintenant, il sait que sa femme est un vampire, et mes fils se moquent de leur oncle. Ils prétendent qu'il invente ce vampire de toutes pièces pour cacher que sa femme sortait bel et bien avec son corps et qu'il le laissait rentrer, et qu'il est un lâche, et qu'il en a honte. Mais moi, je sais que ma belle-sœur est un vampire, je le sais... Et mes fils risquent d'épouser des monstres d'enfer parce qu'ils s'obstinent à être in-cré-du-les.

Ainsi, le Sphinx, excusez si je vous choque, il faut être vous et mes fils pour ne pas y croire.

LE SPHINX — Vos fils... ?

LA MATRONE — Pas le morveux qui s'est jeté dans vos jambes. Je parle d'un autre fils de dix-sept ans...

LE SPHINX — Vous avez plusieurs fils ?

LA MATRONE — J'en avais quatre. Il m'en reste trois : sept ans, seize ans et dix-sept ans. Et je vous assure que, depuis cette maudite bête, la maison est devenue inhabitable.

LE SPHINX — Vos fils se disputent ?

LA MATRONE — Mademoiselle, c'est-à-dire que c'est impossible de s'entendre. Celui de seize ans s'occupe de politique. Le Sphinx, qu'il dit, c'est un loup-garou pour tromper le pauvre monde. Il y a peut-être eu quelque chose comme votre Sphinx — c'est mon fils qui s'exprime — maintenant votre Sphinx est mort ; c'est une arme entre les mains des prêtres et un prétexte aux micmacs de la police. On égorge, on pille, on épouvante le peuple, et on rejette tout sur le Sphinx. Le Sphinx a bon dos. C'est à cause du Sphinx qu'on crève de famine, que les prix montent, que les bandes de pillards infestent les campagnes ; c'est à cause du Sphinx que rien ne marche, que personne ne gouverne, que les faillites se succèdent, que les temples regorgent d'offrandes tandis que les mères et les épouses perdent leur gagne-pain, que les étrangers qui dépensent se sauvent de la ville ; et il faut le voir, mademoiselle, monter sur la table, criant, gesticulant, piétinant ; et il dénonce les coupables, il prêche la révolte, il stimule les anarchistes, il crie à tue-tête des noms de quoi nous faire pendre tous. Et entre nous,... moi qui vous parle, tenez... Mademoiselle, je sais qu'il existe le Sphinx... mais on en profite. C'est certain qu'on en profite. Il faudrait un homme de poigne, un dictateur[1] !

LE SPHINX — Et... le frère de votre jeune dictateur ?

LA MATRONE — Ça, c'est un autre genre. Il méprise son frère, il me méprise, il méprise la ville, il méprise les dieux, il méprise tout. On se demande où il va chercher ce qu'il vous sort. Il déclare que le Sphinx l'intéresserait s'il tuait pour tuer, mais que notre

1. Toutes les remarques sur la situation politique étaient sans doute d'actualité pour le public de 1934. Le 6 février 1934 les organisations d'extrême droite avaient provoqué des émeutes à Paris pour tenter de renverser la République et d'établir une dictature comme en Allemagne et en Italie.

Sphinx est de la clique des oracles, et qu'il ne l'inté-
resse pas.

LE SPHINX — Et votre quatrième fils ? Votre deuil
date…

LA MATRONE — Je l'ai perdu voilà presque une année. Il
venait d'avoir dix-neuf ans.

LE SPHINX — Pauvre femme… Et, de quoi est-il mort ?

LA MATRONE — Il est mort au Sphinx.

LE SPHINX, *sombre.* — Ah !…

LA MATRONE — Mon fils cadet peut bien prétendre qu'il
a été victime des intrigues de la police… Non…
Non… Je ne me trompe pas. Il est mort au Sphinx.
Ah ! Mademoiselle… Je vivrais cent ans, je verrai
toujours la scène. Un matin (il n'était pas rentré de
la nuit), je crois qu'il frappe à la porte ; j'ouvre et je
vois le dessous de ses pauvres pieds et tout le corps
après, et très loin, très loin, sa pauvre petite figure
et, à la nuque, tenez ici, une grosse blessure d'où le
sang ne coulait même plus. On me le rapportait sur
une civière. Alors mademoiselle, j'ai fait : Ho ! et
je suis tombée, comme ça… Des malheurs pareils,
comprenez-vous, ça vous marque. Je vous félicite si
vous n'êtes pas de Thèbes et si vous n'avez point de
frère. Je vous félicite… Son cadet l'orateur, il veut
le venger. À quoi bon ? Mais il déteste les prêtres, et
mon pauvre fils était de la série des offrandes.

LE SPHINX — Des offrandes ?

LA MATRONE — Dame oui. Les premiers mois du Sphinx,
on envoyait la troupe venger la belle jeunesse qu'on
trouvait morte un peu partout ; et la troupe rentrait
bredouille. Le Sphinx restait introuvable. Ensuite, le
bruit s'étant répandu que le Sphinx posait des devinettes, on a sacrifié la jeunesse des écoles ; alors
les prêtres ont déclaré que le Sphinx exigeait des

offrandes. C'est là-dessus qu'on a choisi les plus
jeunes, les plus faibles, les plus beaux.

LE SPHINX — Pauvre madame !

LA MATRONE — Je le répète, mademoiselle, il faudrait
une poigne. La reine Jocaste est encore jeune. De
loin, on lui donnerait vingt-neuf, trente ans. Il faudrait un chef qui tombe du ciel, qui l'épouse, qui
tue la bête, qui punisse les trafics, qui boucle Créon
et Tirésias, qui relève les finances, qui remonte le
moral du peuple, qui l'aime, qui nous sauve, quoi !
qui nous sauve...

LE FILS — Maman !

LA MATRONE — Laisse...

LE FILS — Maman... dis, maman, comment il est le
Sphinx ?

LA MATRONE — Je ne sais pas. (*Au Sphinx.*) Voilà-t-il
point qu'ils inventent de nous demander nos derniers
sous pour construire un monument aux morts du
Sphinx ? Croyez-vous que cela nous les rende ?

LE FILS — Maman... Comment il est le Sphinx ?

LE SPHINX — Le pauvre ! sa sœur dort. Viens...

> *Le fils se met dans les jupes du Sphinx.*

LA MATRONE — N'ennuie pas la dame.

LE SPHINX — Laissez-le...

> *Elle lui caresse la nuque.*

LE FILS — Maman, dis, c'est cette dame, le Sphinx ?

LA MATRONE — Tu es trop bête. (*Au Sphinx.*) Excusez-
le, à cet âge, ils ne savent pas ce qu'ils disent... (*Elle
se lève.*) Ouf ! (*Elle charge la petite fille endormie
sur ses bras.*) Allons ! Allons ! En route, mauvaise
troupe !

LE FILS — Maman, c'est cette dame, le Sphinx ? Dis, maman, c'est le Sphinx, cette dame ? C'est ça le Sphinx ?

LA MATRONE — Assez, ne sois pas stupide ! (*Au Sphinx.*) Bonsoir, mademoiselle. Excusez-moi si je bavarde. J'étais contente de souffler une petite minute… Et… méfiez-vous ! (*Fanfare.*) Vite. Voilà la deuxième relève ; à la troisième, nous resterions dehors.

LE SPHINX — Dépêchez-vous. Je vais courir de mon côté. Vous m'avez donné l'alarme.

LA MATRONE — Croyez-moi, nous ne serons tranquilles que si un homme à poigne nous débarrasse de ce fléau.

Elle sort par la droite.

LA VOIX DU FILS — Dis, maman, comment il est le Sphinx ?… C'était pas cette dame ?… Alors comment il est ?…

LE SPHINX, *seul.* — Un fléau !

ANUBIS, *sortant des ruines.* — Il ne nous manquait que cette matrone.

LE SPHINX — Voilà deux jours que je suis triste, deux jours que je me traîne, en souhaitant que ce massacre prenne fin.

ANUBIS — Confiez-vous, calmez-vous.

LE SPHINX — Écoute. Voilà le vœu que je forme et les circonstances dans lesquelles il me serait possible de monter une dernière fois sur mon socle. Un jeune homme graviraient la colline. Je l'aimerais. Il n'aurait aucune crainte. À la question que je pose il répondrait comme un égal. Il répondrait, Anubis, et je tomberais morte.

ANUBIS — Entendons-nous : votre forme mortelle tomberait morte.

LE SPHINX — N'est-ce pas sous cette forme que je voudrais vivre pour le rendre heureux ?

ANUBIS — Il est agréable de voir qu'en s'incarnant une grande déesse ne devient pas une petite femme.

LE SPHINX — Tu vois que j'avais plus que raison et que la sonnerie que nous venons d'entendre était la dernière.

ANUBIS — Fille des hommes ! On n'en a jamais fini avec vous. Non, non et non !

Il s'éloigne et monte sur une colonne renversée.

Cette sonnerie était la deuxième. Il m'en faut encore une, et vous serez libre. Oh !

LE SPHINX — Qu'as-tu ?

ANUBIS — Mauvaise nouvelle.

LE SPHINX — Un voyageur ?

ANUBIS — Un voyageur.

Le Sphinx rejoint Anubis sur la colonne et regarde en coulisse, à gauche.

LE SPHINX — C'est impossible, impossible. Je refuse d'interroger ce jeune homme. Inutile, ne me le demande pas.

ANUBIS — Je conviens que si vous ressemblez à une jeune mortelle, il ressemble fort à un jeune dieu.

LE SPHINX — Quelle démarche, Anubis, et ces épaules ! Il approche.

ANUBIS — Je me cache. N'oubliez pas que vous êtes le Sphinx. Je vous surveille. Je paraîtrai au moindre signe.

LE SPHINX — Anubis, un mot… vite….

ANUBIS — Chut !… le voilà ! (*Il se cache.*)

Œdipe entre par le fond à gauche. Il marche tête basse et sursaute.

ŒDIPE — Oh! Pardon…

LE SPHINX — Je vous ai fait peur.

ŒDIPE — C'est-à-dire… non… mais je rêvais, j'étais à cent lieues de l'endroit où nous sommes, et… là, tout à coup…

LE SPHINX — Vous m'avez prise pour un animal.

ŒDIPE — Presque.

LE SPHINX — Presque? Presque un animal, c'est le Sphinx?

ŒDIPE — Je l'avoue.

LE SPHINX — Vous avouez m'avoir prise pour le Sphinx. Merci.

ŒDIPE — Je me suis vite rendu compte de mon erreur!

LE SPHINX — Trop aimable. Le fait est que pour un jeune homme, ce ne doit pas être drôle de se trouver brusquement nez à nez avec lui.

ŒDIPE — Et pour une jeune fille?

LE SPHINX — Il ne s'attaque pas aux jeunes filles.

ŒDIPE — Parce que les jeunes filles évitent les endroits qu'il fréquente et n'ont guère l'habitude, il me semble, de sortir seules après la chute du jour.

LE SPHINX — Mêlez-vous, cher monsieur, de ce qui vous regarde et laissez-moi passer mon chemin.

ŒDIPE — Quel chemin?

LE SPHINX — Vous êtes extraordinaire. Dois-je rendre compte à un étranger du but de ma promenade?

ŒDIPE — Et si je le devinais, moi, ce but.

LE SPHINX — Vous m'amusez beaucoup.

ŒDIPE — Ce but… ne serait-ce pas la curiosité qui ravage toutes les jeunes femmes modernes, la curiosité de savoir comment le Sphinx est fait? S'il a des griffes, un bec, des ailes? S'il tient du tigre ou du vautour?

LE SPHINX — Allez, allez…

ŒDIPE — Le Sphinx est le criminel à la mode. Qui l'a vu? Personne. On promet à qui le découvrira des récompenses fabuleuses. Les lâches tremblent. Les jeunes hommes meurent… Mais une jeune fille ne pourrait-elle se risquer dans la zone interdite, braver les consignes, oser ce que personne de raisonnable n'ose, dénicher le monstre, le surprendre au gîte, l'apercevoir!

LE SPHINX — Vous faites fausse route, je vous le répète. Je rentre chez une parente qui habite la campagne, et comme j'oubliais qu'il existe un Sphinx et que les environs de Thèbes ne sont pas sûrs, je me reposais une minute, assise sur les pierres de cette ruine. Vous voyez que nous sommes loin de compte.

ŒDIPE — Dommage! Depuis quelque temps je ne croise que des personnes si plates; alors j'espérais un peu d'imprévu. Excusez-moi.

LE SPHINX — Bonsoir!

ŒDIPE — Bonsoir!

Ils se croisent. Mais Œdipe se retourne.

Eh bien, mademoiselle, au risque de me rendre odieux, figurez-vous que je n'arrive pas à vous croire et que votre présence dans ces ruines continue de m'intriguer énormément.

LE SPHINX — Vous êtes incroyable.

ŒDIPE — Car, si vous étiez une jeune fille comme les autres, vous auriez déjà pris vos jambes à votre cou.

LE SPHINX — Vous êtes de plus en plus comique, mon garçon.

ŒDIPE — Il me paraissait si merveilleux de trouver, chez une jeune fille, un émule digne de moi.

LE SPHINX — Un émule ? Vous cherchez donc le Sphinx ?

ŒDIPE — Si je le cherche ! Sachez que depuis un mois je marche sans fatigue, et c'est pourquoi j'ai dû manquer de savoir-vivre, car j'étais si fiévreux en approchant de Thèbes que j'eusse crié mon enthousiasme à n'importe quelle colonne, et voilà que, au lieu d'une colonne, une jeune fille blanche se dresse sur ma route. Alors je n'ai pu m'empêcher de l'entretenir de ce qui me préoccupe et de lui prêter les mêmes intentions qu'à moi.

LE SPHINX — Mais, dites, il me semble que, tout à l'heure, en me voyant surgir de l'ombre, vous paraissiez mal sur vos gardes, pour un homme qui souhaite se mesurer avec l'ennemi.

ŒDIPE — C'est juste ! Je rêvais de gloire, et la bête m'eût pris en défaut. Demain, à Thèbes, je m'équipe, et la chasse commence.

LE SPHINX — Vous aimez la gloire ?

ŒDIPE — Je ne sais pas si j'aime la gloire ; j'aime les foules qui piétinent, les trompettes, les oriflammes qui claquent, les palmes qu'on agite, le soleil, l'or, la pourpre, le bonheur, la chance, vivre enfin !

LE SPHINX — Vous appelez cela vivre.

ŒDIPE — Et vous ?

LE SPHINX — Moi non. J'avoue avoir une idée toute différente de la vie.

ŒDIPE — Laquelle ?

LE SPHINX — Aimer. Être aimé de qui on aime.

ŒDIPE — J'aimerai mon peuple, il m'aimera.

LE SPHINX — La place publique n'est pas un foyer.

ŒDIPE — La place publique n'empêche rien. À Thèbes[1]
le peuple cherche un homme. Si je tue le Sphinx
je serai cet homme. La reine Jocaste est veuve, je
l'épouserai…

LE SPHINX — Une femme qui pourrait être votre mère !

ŒDIPE — L'essentiel est qu'elle ne le soit pas.

LE SPHINX — Croyez-vous qu'une reine et qu'un peuple
se livrent au premier venu ?

ŒDIPE — Le vainqueur du Sphinx serait-il le premier
venu ? Je connais la réponse. La reine lui est promise.
Ne riez pas, soyez bonne… Il faut que vous m'écou-
tiez. Il faut que je vous prouve que mon rêve n'est
pas un simple rêve. Mon père est roi de Corinthe.
Mon père et ma mère me mirent au monde lorsqu'ils
étaient déjà vieux, et j'ai vécu dans une cour mauss-
sade. Trop de caresses, de confort excitaient en moi
je ne sais quel démon d'aventures. Je commençais de
languir, de me consumer, lorsqu'un soir un ivrogne
me cria que j'étais un bâtard et que j'usurpais la place
d'un fils légitime. Il y eut des coups, des insultes ;
et le lendemain, malgré les larmes de Mérope et de
Polybe, je décidai de visiter les sanctuaires et d'interroger les dieux. Tous me répondirent par le même
oracle : Tu assassineras ton père et tu épouseras ta
mère.

LE SPHINX — Hein ?

ŒDIPE — Oui… oui… Au premier abord cet oracle suf-
foque, mais j'ai la tête solide. Je réfléchis à l'absur-
dité de la chose, je fis la part des dieux et des prêtres

---

1. Cocteau précisait dans la brochure : « À Thèbes, le Sphinx
démoralise la ville. Le désordre règne. On raconte que Créon, le
frère de la reine, et les prêtres sous les ordres de Tirésias, pêchent en
eau trouble et donnent le spectacle d'un gouvernement pourri. »

et j'arrivai à cette conclusion : ou l'oracle cachait un sens moins grave qu'il s'agissait de comprendre, ou les prêtres, qui correspondent de temple en temple par les oiseaux, trouvaient un avantage à mettre cet oracle dans la bouche des dieux et à m'éloigner du pouvoir. Bref j'oubliai vite mes craintes et, je l'avoue, je profitai de cette menace de parricide et d'inceste pour fuir la cour et satisfaire ma soif d'inconnu.

LE SPHINX — C'est mon tour de me sentir étourdie. Je m'excuse de m'être un peu moquée de vous. Vous me pardonnez, prince ?

ŒDIPE — Donnons-nous la main. Puis-je vous demander votre nom ? Moi, je m'appelle Œdipe ; j'ai dix-neuf ans[1].

LE SPHINX — Qu'importe ! Laissez mon nom, Œdipe. Vous devez aimer les noms illustres… Celui d'une petite fille de dix-sept ans ne vous intéresserait pas.

ŒDIPE — Vous êtes méchante.

LE SPHINX — Vous adorez la gloire. Et pourtant la manière la plus sûre de déjouer l'oracle ne serait-elle pas d'épouser une femme plus jeune que vous ?

ŒDIPE — Voici une parole qui ne vous ressemble pas. La parole d'une mère de Thèbes où les jeunes gens à marier se font rares.

LE SPHINX — Voici une parole qui ne vous ressemble pas, une parole lourde et vulgaire.

ŒDIPE — Alors j'aurais couru les routes, franchi des montagnes et des fleuves pour prendre une épouse qui deviendra vite un Sphinx, pire que le Sphinx, un Sphinx à mamelles et à griffes !

LE SPHINX — Œdipe.

---

1. Cocteau insiste beaucoup sur la jeunesse d'Œdipe.

ŒDIPE — Non pas ! Je tenterai ma chance. Prenez cette ceinture, elle vous permettra de venir jusqu'à moi lorsque j'aurai tué la bête.

Jeu de scène.

LE SPHINX — Avez-vous déjà tué ?

ŒDIPE — Une fois. C'était au carrefour où les routes de Delphes et de Daulie se croisent. Je marchais comme tout à l'heure. Une voiture approchait conduite par un vieillard, escorté de quatre domestiques. Comme je croisais l'attelage, un cheval se cabre, me bouscule et me jette contre un des domestiques. Cet imbécile lève la main sur moi. J'ai voulu répondre avec mon bâton, mais il se courbe et j'attrape le vieillard à la tempe. Il tombe. Les chevaux s'emballent, ils le traînent. Je cours après : les domestiques épouvantés se sauvent ; et je me retrouve seul avec le cadavre d'un vieillard qui saigne, et des chevaux empêtrés qui se roulent en hennissant et en cassant leurs jambes. C'était atroce… atroce…

LE SPHINX — Oui, n'est-ce pas… c'est atroce de tuer…

ŒDIPE — Ma foi, ce n'était pas ma faute, et je n'y pense plus. Il importe que je saute les obstacles, que je porte des œillères, que je ne m'attendrisse pas. D'abord mon étoile.

LE SPHINX — Alors, adieu Œdipe. Je suis du sexe qui dérange les héros. Quittons-nous, je crois que nous n'aurions plus grand-chose à nous dire.

ŒDIPE — Déranger les héros ! Vous n'y allez pas de main morte.

LE SPHINX — Et… si le Sphinx vous tuait ?

ŒDIPE — Sa mort dépend, si je ne me trompe, d'un interrogatoire auquel je devrai répondre. Si je devine, il ne me touche même pas, il meurt.

LE SPHINX — Et si vous ne devinez pas ?

ŒDIPE — J'ai fait, grâce à ma triste enfance, des études qui me procurent bien des avantages sur les garnements de Thèbes.

LE SPHINX — Vous m'en direz tant !

ŒDIPE — Et je ne pense pas que le monstre naïf s'attende à se trouver face à face avec l'élève des meilleurs lettrés de Corinthe.

LE SPHINX — Vous avez réponse à tout. Hélas ! car, vous l'avouerai-je, Œdipe, j'ai une faiblesse : les faibles me plaisent et j'eusse aimé vous prendre en défaut.

ŒDIPE — Adieu.

> *Le Sphinx fait un pas pour s'élancer à sa poursuite et s'arrête, mais ne peut résister à un appel. Jusqu'à son « moi ! moi ! » le Sphinx ne quitte plus les yeux d'Œdipe, bougeant comme autour de ce regard immobile, fixe, vaste, aux paupières qui ne battent pas.*

LE SPHINX — Œdipe !

ŒDIPE — Vous m'appelez ?

LE SPHINX — Un dernier mot. Jusqu'à nouvel ordre, rien d'autre ne préoccupe votre esprit, rien d'autre ne fait battre votre cœur, rien d'autre n'agite votre âme que le Sphinx ?

ŒDIPE — Rien d'autre, jusqu'à nouvel ordre.

LE SPHINX — Et celui ou… celle qui vous mettrait en sa présence,… je veux dire qui vous aiderait… je veux dire qui saurait peut-être quelque chose facilitant cette rencontre… se revêtirait-il, ou elle, de prestige, au point de vous toucher, de vous émouvoir ?

ŒDIPE — Certes, mais que prétendez-vous ?

LE SPHINX — Et si moi, moi, je vous livrais un secret, un secret immense ?

ŒDIPE — Vous plaisantez !

LE SPHINX — Un secret qui vous permette d'entrer en
  contact avec l'énigme des énigmes, avec la bête
  humaine, avec la chienne qui chante, comme ils
  disent, avec le Sphinx ?

ŒDIPE — Quoi ? Vous ! Vous ! Aurais-je deviné juste, et
  votre curiosité aurait-elle découvert… Mais non ! Je
  suis absurde. C'est une ruse de femme pour m'obli-
  ger à rebrousser chemin.

LE SPHINX — Bonsoir.

ŒDIPE — Pardon…

LE SPHINX — Inutile.

ŒDIPE — Je suis un niais qui s'agenouille et qui vous
  conjure de lui pardonner.

LE SPHINX — Vous êtes un fat, qui regrette d'avoir perdu
  sa chance et qui essaie de la reprendre.

ŒDIPE — Je suis un fat, j'ai honte. Tenez, je vous crois,
  je vous écoute. Mais si vous m'avez joué un tour,
  je vous tirerai par les cheveux et je vous pincerai
  jusqu'au sang.

LE SPHINX — Venez.

Elle le mène en face du socle.

Fermez les yeux. Ne trichez pas. Comptez jusqu'à
cinquante.

ŒDIPE, *les yeux fermés.* — Prenez garde !

LE SPHINX — Chacun son tour.

> *Œdipe compte. On sent qu'il se passe un événe-
> ment extraordinaire. Le Sphinx bondit à travers les
> ruines, disparaît derrière le mur et reparaît, engagé
> dans le socle praticable, c'est-à-dire qu'il semble
> accroché au socle, le buste dressé sur les coudes, la
> tête droite, alors que l'actrice se tient debout, ne lais-*

*sant paraître que son buste et ses bras couverts de
gants mouchetés, les mains griffant le rebord, que
l'aile brisée donne naissance à des ailes subites,
immenses, pâles, lumineuses, et que le fragment de
statue la complètent, la prolongent et paraissent lui
appartenir. On entend Œdipe compter 47, 48, 49,
attendre un peu et crier 50. Il se retourne.*

ŒDIPE — Vous !

LE SPHINX, *d'une voix lointaine, haute, joyeuse, terrible.*
— Moi ! Moi ! le Sphinx !

ŒDIPE — Je rêve !

LE SPHINX — Tu n'es pas un rêveur, Œdipe. Ce que tu
veux, tu le veux, tu l'as voulu. Silence. Ici j'ordonne.
Approche.

> *Œdipe, les bras au corps, comme paralysé, tente
> avec rage de se rendre libre.*

LE SPHINX — Avance. (*Œdipe tombe à genoux.*) Puisque
tes jambes te refusent leur aide, saute, sautille… Il
est bon qu'un héros se rende un peu ridicule. Allons,
va, va ! Sois tranquille. Il n'y a personne pour te
regarder.

> *Œdipe, se tordant de colère, avance sur les
> genoux.*

LE SPHINX — C'est bien. Halte ! Et maintenant…

ŒDIPE — Et maintenant, je commence à comprendre
vos méthodes et par quelles manœuvres vous enjô-
lez et vous égorgez les voyageurs.

LE SPHINX — … Et maintenant je vais te donner un
spectacle. Je vais te montrer ce qui se passerait à
cette place, Œdipe, si tu étais n'importe quel joli gar-

çon de Thèbes et si tu n'avais eu le privilège de me plaire.

ŒDIPE — Je sais ce que valent vos amabilités.

> *Il se crispe des pieds à la tête. On voit qu'il lutte contre un charme.*

LE SPHINX — Abandonne-toi. N'essaie pas de te crisper, de résister. Abandonne-toi. Si tu résistes, tu ne réussiras qu'à rendre ma tâche plus délicate, et je risque de te faire du mal.

ŒDIPE — Je résisterai !

> *Il ferme les yeux, détourne la tête.*

LE SPHINX — Inutile de fermer les yeux, de détourner la tête. Car ce n'est ni par le chant, ni par le regard que j'opère[1]. Mais, plus adroit qu'un aveugle, plus rapide que le filet des gladiateurs, plus subtil que la foudre, plus raide qu'un cocher, plus lourd qu'une vache, plus sage qu'un élève tirant la langue sur des chiffres, plus gréé, plus voilé, plus ancré, plus bercé qu'un navire, plus incorruptible qu'un juge, plus vorace que les insectes, plus sanguinaire que les oiseaux, plus nocturne que l'œuf, plus ingénieux que les bourreaux d'Asie, plus fourbe que le cœur, plus

---

1. Cocteau propose dans la brochure un effet sonore et une indication de diction : « On entend une note très haute et très douce, une note obtenue de scie, ou d'ondes, ou d'orgue qui n'arrêtera plus d'accompagner le travail du Sphinx et sur laquelle il parle avec une voix grave, coupante, monocorde, hésitant et prononçant chaque syllabe comme s'il lisait un procès-verbal. » Cocteau, toujours attentif à la diction, écrit à Jouvet : « Pour Bogaert dis-lui que dès qu'elle est "le Sphinx" elle doit parler comme une mitrailleuse — un télégraphe — une écuyère méchante et insolente. »

désinvolte qu'une main qui triche, plus fatal que les astres, plus attentif que le serpent qui humecte sa proie de salive ; je sécrète, je tire de moi, je lâche, je dévide, je déroule, j'enroule de telle sorte qu'il me suffira de vouloir ces nœuds pour les faire et d'y penser pour les tendre ou pour les détendre ; si mince qu'il t'échappe, si souple que tu t'imagineras être victime de quelque poison, si dur qu'une maladresse de ma part t'amputerait, si tendu qu'un archet obtiendrait entre nous une plainte céleste ; bouclé comme la mer, la colonne, la rose, musclé comme la pieuvre, machiné comme les décors du rêve, invisible surtout, invisible et majestueux comme la circulation du sang des statues, un fil[1] qui te ligote avec la volubilité des arabesques folles du miel qui tombe sur du miel.

ŒDIPE — Lâchez-moi !

LE SPHINX — Et je parle, je travaille, je dévide, je déroule, je calcule, je médite, je tresse, je vanne, je tricote, je natte, je croise, je passe, je repasse, je noue et dénoue et renoue, retenant les moindres nœuds qu'il me faudra te dénouer ensuite sous peine de mort ; et je serre, je desserre, je me trompe, je reviens sur mes pas, j'hésite, je corrige, enchevêtre, désenchevêtre, délace, entrelace, repars ; et j'ajuste, j'agglutine, je garrotte, je sangle, j'entrave, j'accumule, jusqu'à ce que tu te sentes, de la pointe des pieds à la racine des cheveux, vêtu de toutes les boucles d'un seul reptile dont la moindre respiration coupe la tienne et te rende pareil au bras inerte sur lequel un dormeur s'est endormi.

ŒDIPE, *d'une voix faible.* — Laissez-moi ! Grâce…

---

1. « Fil » : Cocteau reprend cette idée dans *Renaud et Armide* (1943), quand la magicienne Armide charme le chevalier Renaud.

LE SPHINX — Et tu demanderais grâce et tu n'aurais pas
à en avoir honte, car tu ne serais pas le premier, et
j'en ai entendu de plus superbes appeler leur mère,
et j'en ai vu de plus insolents fondre en larmes, et les
moins démonstratifs étaient encore les plus faibles,
car ils s'évanouissaient en route, et il me fallait imiter les embaumeurs entre les mains desquels les
morts sont des ivrognes qui ne savent même plus se
tenir debout !

ŒDIPE — Mérope !… Maman !

LE SPHINX — Ensuite, je te commanderais d'avancer un
peu et je t'aiderais en desserrant tes jambes. Là ! Et
je t'interrogerais. Je te demanderais par exemple :
Quel est l'animal qui marche sur quatre pattes le
matin, sur deux pattes à midi, sur trois pattes le soir ?
Et tu chercherais, tu chercherais. À force de chercher, ton esprit se poserait sur une petite médaille de
ton enfance, ou tu répéterais un chiffre, ou tu comp-
terais les étoiles entre ces deux colonnes détruites,
et je te remettrais au fait en te dévoilant l'énigme.
Cet animal est l'homme qui marche à quatre pattes
lorsqu'il est enfant, sur deux pattes quand il est
valide, et lorsqu'il est vieux, avec la troisième patte
d'un bâton.

ŒDIPE — C'est trop bête !

LE SPHINX — Tu t'écrierais : C'est trop bête ! Vous le
dites tous. Alors puisque cette phrase confirme ton
échec, j'appellerais Anubis, mon aide. Anubis !

> *Anubis paraît, les bras croisés, la tête de profil,
> debout à droite du socle.*

ŒDIPE — Oh ! Madame… Oh ! Madame ! Oh ! non !
non ! non ! non, madame !

LE SPHINX — Et je te ferais mettre à genoux… Allons…
Allons… là, là… Sois sage. Et tu courberais la tête…
et l'Anubis s'élancerait. Il ouvrirait ses mâchoires de
loup !

Œdipe pousse un cri.

J'ai dit : courberais, s'élancerait… ouvrirait…
N'ai-je pas toujours eu soin de m'exprimer sur ce
mode ? Pourquoi ce cri ? Pourquoi cette face d'épouvante ? C'était une démonstration, Œdipe, une simple
démonstration. Tu es libre.

ŒDIPE — Libre !

*Il remue un bras, une jambe… il se lève, il titube,
il porte la main à sa tête.*

ANUBIS — Pardon, Sphinx. Cet homme ne peut sortir
d'ici sans subir l'épreuve.

LE SPHINX — Mais…

ANUBIS — Interroge-le…

ŒDIPE — Mais…

ANUBIS — Silence ! Interroge cet homme.

Un silence. Œdipe tourne le dos, immobile.

LE SPHINX — Je l'interrogerai… je l'interrogerai… C'est
bon. (*Avec un dernier regard de surprise vers Anubis.*) Quel est l'animal qui marche sur quatre pattes le
matin, sur deux pattes à midi, sur trois pattes le soir ?

ŒDIPE — L'homme, parbleu ! qui se traîne à quatre
pattes lorsqu'il est petit, qui marche sur deux pattes
lorsqu'il est grand et qui, lorsqu'il est vieux, s'aide
avec la troisième patte d'un bâton.

Le Sphinx roule sur le socle.

ŒDIPE, *prenant sa course vers la droite.* — Vainqueur !

> *Il s'élance et sort par la droite. Le Sphinx glisse dans la colonne, disparaît derrière le mur, reparaît sans ailes.*

LE SPHINX — Œdipe ! Où est-il ? Où est-il ?

ANUBIS — Parti, envolé. Il court à perdre haleine proclamer sa victoire.

LE SPHINX — Sans un regard vers moi, sans un geste ému, sans un signe de reconnaissance.

ANUBIS — Vous attendiez-vous à une autre attitude ?

LE SPHINX — L'imbécile ! Il n'a donc rien compris.

ANUBIS — Rien compris.

LE SPHINX — Kss ! Kss ! Anubis… Tiens, tiens, regarde, cours vite, mords-le, Anubis, mords-le !

ANUBIS — Tout recommence. Vous revoilà femme et me revoilà chien.

LE SPHINX — Pardon, je perds la tête, je suis folle. Mes mains tremblent. J'ai la fièvre, je voudrais le rejoindre d'un bond, lui cracher au visage, le griffer, le défigurer, le piétiner, le châtrer, l'écorcher vif !

ANUBIS — Je vous retrouve.

LE SPHINX — Aide-moi ! Venge-moi ! Ne reste pas immobile.

ANUBIS — Vous détestez vraiment cet homme ?

LE SPHINX — Je le déteste.

ANUBIS — S'il lui arrivait le pire, le pire vous paraîtrait encore trop doux ?

LE SPHINX — Trop doux.

ANUBIS, *il montre la robe de Sphinx.* — Regardez les plis de cette étoffe. Pressez-les les uns contre les autres. Et maintenant si vous traversez cette masse d'une épingle, si vous enlevez l'épingle, si vous lissez l'étoffe jusqu'à faire disparaître toute trace des anciens plis, pensez-vous qu'un nigaud de campagne puisse croire que les innombrables trous qui se répètent de distance en distance résultent d'un seul coup d'épingle ?

LE SPHINX — Certes non.

ANUBIS — Le temps des hommes est de l'éternité pliée. Pour nous, il n'existe pas. De sa naissance à sa mort la vie d'Œdipe s'étale, sous mes yeux, plate, avec sa suite d'épisodes.

LE SPHINX — Parle, parle, Anubis, je brûle. Que vois-tu ?

ANUBIS — Jadis, Jocaste et Laïus eurent un enfant. L'oracle ayant annoncé que cet enfant serait un fléau…

LE SPHINX — Un fléau !

ANUBIS — Un monstre, une bête immonde…

LE SPHINX — Plus vite ! plus vite !

ANUBIS — Jocaste le ligota et l'envoya perdre sur la montagne. Un berger de Polybe le trouve, l'emporte et, comme Polybe et Mérope se lamentaient d'une couche stérile…

LE SPHINX — Je tremble de joie.

ANUBIS — Ils l'adoptent. Œdipe, fils de Laïus, a tué Laïus au carrefour des trois routes.

LE SPHINX — Le vieillard !

ANUBIS — Fils de Jocaste, il épousera Jocaste.

LE SPHINX — Et moi qui lui disais : « Elle pourrait être votre mère. » Et il répondait : « L'essentiel est qu'elle ne le soit pas. » Anubis ! Anubis ! C'est trop beau, trop beau.

ANUBIS — Il aura deux fils qui s'entr'égorgeront, deux
    filles dont une se pendra. Jocaste se pendra…

LE SPHINX — Halte ! Que pourrais-je espérer de plus ?
    Songe, Anubis : les noces d'Œdipe et de Jocaste ! Les
    noces du fils et de la mère… Et le saura-t-il vite ?

ANUBIS — Assez vite.

LE SPHINX — Quelle minute ! D'avance, avec délices je
    la savoure. Hélas ! Je voudrais être là.

ANUBIS — Vous serez là.

LE SPHINX — Est-ce possible ?

ANUBIS — Le moment est venu où j'estime nécessaire de
    vous rappeler qui vous êtes et quelle distance risible
    vous sépare de cette petite forme qui m'écoute. Vous
    qui avez assumé le rôle du Sphinx ! Vous la Déesse
    des Déesses ! Vous la grande entre les grandes ! Vous
    l'implacable ! Vous la Vengeance ! Vous Némésis !

Anubis se prosterne.

LE SPHINX — Némésis…

> *Elle tourne le dos à la salle et reste un long
> moment raide, les bras en croix. Soudain elle sort
> de cette hypnose et s'élance vers le fond.*

Encore une fois, s'il est visible, je veux repaître ma
haine, je veux le voir courir d'un piège dans un autre,
comme un rat écervelé.

ANUBIS — Est-ce le cri de la déesse qui se réveille ou de
    la femme jalouse ?

LE SPHINX — De la déesse, Anubis, de la déesse. Nos
    dieux m'ont distribué le rôle de Sphinx, je saurai en
    être digne.

ANUBIS — Enfin !

*Le Sphinx domine la plaine, il se penche, il ins-
pecte. Tout à coup, il se retourne. Les moindres
traces de la grandeur furieuse qui viennent de le
transfigurer ont disparu.*

LE SPHINX — Chien! Tu m'avais menti.

ANUBIS — Moi?

LE SPHINX — Oui, toi! menteur! menteur! Regarde la
route. Œdipe a rebroussé chemin, il court, il vole, il
m'aime, il a compris!

ANUBIS — Vous savez fort bien, madame, ce que vaut sa
réussite et pourquoi le Sphinx n'est pas mort.

LE SPHINX — Vois-le qui saute de roche en roche comme
mon cœur saute dans ma poitrine.

ANUBIS — Convaincu de son triomphe et de votre mort,
ce jeune étourneau vient de s'apercevoir que, dans sa
hâte, il oublie le principal.

LE SPHINX — Misérable! Tu prétends qu'il vient me
chercher morte.

ANUBIS — Pas vous, ma petite furie, le Sphinx. Il croit
avoir tué le Sphinx; il faut qu'il le prouve. Thèbes ne
se contenterait pas d'une histoire de chasse.

LE SPHINX — Tu mens! Je lui dirai tout! Je le prévien-
drai! Je le sauverai. Je le détournerai de Jocaste, de
cette ville maudite…

ANUBIS — Prenez garde.

LE SPHINX — Je parlerai.

ANUBIS — Il entre. Laissez-le parler avant.

*Œdipe, essoufflé, entre par le premier plan à
droite. Il voit le Sphinx et Anubis debout, côte à côte.*

ŒDIPE, *saluant.* — Je suis heureux, madame, de voir la
bonne santé dont les immortels jouissent après leur
mort.

LE SPHINX — Que revenez-vous faire en ces lieux ?

ŒDIPE — Chercher mon dû.

> *Mouvement de colère d'Anubis du côté d'Œdipe qui recule.*

LE SPHINX — Anubis !

> *D'un geste elle lui ordonne de la laisser seule. Il s'écarte derrière les ruines. À Œdipe.*

Vous l'aurez. Restez où vous êtes. Le vaincu est une femme. Il demande au vainqueur une dernière grâce.

ŒDIPE — Excusez-moi d'être sur mes gardes. Vous m'avez appris à me méfier de vos ruses féminines.

LE SPHINX — J'étais le Sphinx ! Non, Œdipe... Vous ramènerez ma dépouille à Thèbes et l'avenir vous récompensera... selon vos mérites. Non... Je vous demande simplement de me laisser disparaître derrière ce mur afin d'ôter ce corps dans lequel je me trouve, l'avouerai-je, depuis quelques minutes... un peu à l'étroit.

ŒDIPE — Soit ! Mais dépêchez-vous. La dernière fanfare... (*On entend les trompettes.*) Tenez, j'en parle, elle sonne. Il ne faudrait pas que je tarde.

LE SPHINX, *caché.* — Thèbes ne laissera pas à la porte un héros.

LA VOIX D'ANUBIS, *derrière les ruines.* — Hâtez-vous. Hâtez-vous..., madame. On dirait que vous inventez des prétextes et que vous traînez exprès.

LE SPHINX, *caché.* — Suis-je la première, Dieu des morts, que tu doives tirer par sa robe ?

ŒDIPE — Vous gagnez du temps, Sphinx.

LE SPHINX, *caché*. — N'en accusez que votre chance, Œdipe. Ma hâte vous eût joué un mauvais tour. Car une grave difficulté se présente. Si vous rapportez à Thèbes le cadavre d'une jeune fille, en place du monstre auquel les hommes s'attendent, la foule vous lapidera.

ŒDIPE — C'est juste ! Les femmes sont si étonnantes ! Elles pensent à tout.

LE SPHINX, *caché*. — Ils m'appellent : La vierge à griffes… La chienne qui chante… Ils veulent reconnaître mes crocs. Ne vous inquiétez pas. Anubis ! Mon chien fidèle ! Écoute, puisque nos figures ne sont que des ombres, il me faut ta tête de chacal.

ŒDIPE — Excellent !

ANUBIS, *caché*. — Faites ce qui vous plaira pourvu que cette honteuse comédie finisse, et que vous puissiez revenir à vous.

LE SPHINX, *caché*. — Je ne serai pas longue.

ŒDIPE — Je compte jusqu'à cinquante comme tout à l'heure. C'est ma revanche.

ANUBIS, *caché*. — Madame, madame, qu'attendez-vous encore ?

LE SPHINX — Me voilà laide, Anubis. Je suis un monstre !… Pauvre gamin… si je l'effraie.

ANUBIS — Il ne vous verra même pas, soyez tranquille.

LE SPHINX — Est-il donc aveugle ?

ANUBIS — Beaucoup d'hommes naissent aveugles et ils ne s'en aperçoivent que le jour où une bonne vérité leur crève les yeux.

ŒDIPE — Cinquante !

ANUBIS, *caché*. — Allez… Allez…

LE SPHINX, *caché*. — Adieu, Sphinx !

*On voit sortir de derrière le mur, en chancelant,
la jeune fille à tête de chacal. Elle bat l'air de ses
bras et tombe.*

ŒDIPE — Il était temps !

*Il s'élance, ne regarde même pas, ramasse le
corps et se campe au premier plan à gauche. Il porte
le corps en face de lui, à bras tendus.*

Pas ainsi ! Je ressemblerais à ce tragédien de Corinthe
que j'ai vu jouer un roi et porter le corps de son fils.
La pose était pompeuse et n'émouvait personne.

*Il essaie de tenir le corps sous son bras gauche ;
derrière les ruines, sur le monticule, apparaissent
deux formes géantes couvertes de voiles irisés : les
dieux.*

ŒDIPE — Non ! Je serais ridicule. On dirait un chasseur
qui rentre bredouille après avoir tué son chien.

ANUBIS, *la forme de droite.* — Pour que les derniers
miasmes humains abandonnent votre corps de
déesse, sans doute serait-il bon que cet Œdipe vous
désinfecte en se décernant au moins un titre de demi-
dieu.

NÉMÉSIS, *la forme de gauche.* — Il est si jeune…

ŒDIPE — Hercule ! Hercule jeta le lion sur son
épaule !… (*Il charge le corps sur son épaule.*) Oui,
sur mon épaule ! Sur mon épaule ! Comme un demi-
dieu !

ANUBIS, *voilé.* — Il est for-mi-dable.

ŒDIPE *se met en marche vers la droite, faisant deux pas
après chacune de ses actions de grâces.* — J'ai tué
la bête immonde.

NÉMÉSIS, *voilée.* — Anubis... Je me sens très mal à l'aise.

ANUBIS — Il faut partir.

ŒDIPE — J'ai sauvé la ville !

ANUBIS — Allons, venez, venez, madame.

ŒDIPE — J'épouserai la reine Jocaste !

NÉMÉSIS, *voilée.* — Les pauvres, pauvres, pauvres hommes... Je n'en peux plus, Anubis... J'étouffe. Quittons la terre.

ŒDIPE — Je serai roi !

> *Une rumeur enveloppe les deux grandes formes.*
> *Les voiles volent autour d'elles. Le jour se lève. On*
> *entend des coqs.*

RIDEAU

ACTE III

LA NUIT DE NOCES

LA VOIX

Depuis l'aube, les fêtes du couronnement et des noces se succèdent. La foule vient d'acclamer une dernière fois la reine et le vainqueur du Sphinx.

Chacun rentre chez soi. On n'entend plus, sur la petite place du palais royal que le bruit d'une fontaine. Œdipe et Jocaste se trouvent enfin tête à tête dans la chambre nuptiale. Ils dorment debout, et, malgré quelque signe d'intelligence et de politesse du destin, le sommeil les empêchera de voir la trappe qui se ferme sur eux pour toujours.

chambre de femme

L'estrade représente la chambre de Jocaste, rouge comme une petite boucherie au milieu des architectures de la ville. Un large lit couvert de fourrures blanches. Au pied du lit, une peau de bête. À gauche du lit, un berceau.

Au premier plan gauche, une baie grillagée donne sur une place de Thèbes. Au premier plan droite un miroir mobile de taille humaine.

Œdipe et Jocaste portent les costumes du couronnement. Dès le lever du rideau ils se meuvent dans le ralenti d'une extrême fatigue.

JOCASTE — Ouf! je suis morte! tu es tellement actif! J'ai peur que cette chambre te devienne une cage, une prison.

ŒDIPE — Mon cher amour! Une chambre de femme! Une chambre qui embaume, ta chambre! Après cette journée éreintante, après ces cortèges, ce cérémonial, cette foule qui continuait à nous acclamer sous nos fenêtres…

JOCASTE — Pas à nous acclamer… à t'acclamer, toi.

ŒDIPE — C'est pareil.

JOCASTE — Il faut être véridique, petit vainqueur. Ils me détestent. Mes robes les agacent, mon accent les

agace, mon noir aux yeux les agace, mon rouge aux
lèvres les agace, ma vivacité les agace.

ŒDIPE — Créon les agace! Créon le sec, le dur, l'inhumain. Je relèverai ton prestige. Ah! Jocaste, quel
beau programme!

JOCASTE — Il était temps que tu viennes, je n'en peux
plus.

ŒDIPE — Ta chambre, une prison, ta chambre... et notre
lit.

JOCASTE — Veux-tu que j'ôte le berceau? Depuis la
mort de l'enfant, il me le fallait près de moi, je ne
pouvais pas dormir... j'étais trop seule... Mais maintenant.

ŒDIPE, *d'une voix confuse.* — Mais maintenant...

JOCASTE — Que dis-tu?

ŒDIPE — Je dis... je dis... que c'est lui... lui... le
chien... je veux dire... le chien qui refuse le chien...
le chien fontaine...

Sa tête tombe.

JOCASTE — Œdipe! Œdipe!

ŒDIPE, *réveillé en sursaut.* — Hein?

JOCASTE — Tu t'endormais!

ŒDIPE — Moi? pas du tout.

JOCASTE — Si. Tu me parlais d'un chien, de chien qui
refuse, de chien fontaine; et moi je t'écoutais.

*Elle rit et semble, elle-même, tomber dans le
vague.*

ŒDIPE — C'est absurde

JOCASTE — Je te demande si tu veux que j'ôte le berceau, s'il te gêne...

ŒDIPE — Suis-je un gamin pour craindre ce joli fantôme de mousseline? Au contraire, il sera le berceau de ma chance. Ma chance y grandira près de notre premier amour, jusqu'à ce qu'il serve à notre premier fils. Alors!...

JOCASTE — Mon pauvre adoré... Tu meurs de fatigue et nous restons là... debout (*même jeu qu'Œdipe*), debout sur ce mur.

ŒDIPE — Quel mur?

JOCASTE — Ce mur de ronde. (*Elle sursaute.*) Un mur... Hein? Je... je... (*Hagarde.*) Qu'y a-t-il?

ŒDIPE, *riant.* — Eh bien, cette fois, c'est toi qui rêves. Nous dormons debout, ma pauvre chérie.

JOCASTE — J'ai dormi? J'ai parlé?

ŒDIPE — Je te parle de chien de fontaine, tu me parles de mur de ronde: voilà notre nuit de noces. Écoute, Jocaste, je te supplie (tu m'écoutes?) s'il m'arrive de m'endormir encore, je te supplie de me réveiller, de me secouer, et si tu t'endors, je ferai de même. Il ne faut pas que cette nuit unique sombre dans le sommeil. Ce serait trop triste.

JOCASTE — Fou bien-aimé, pourquoi? Nous avons toute la vie.

ŒDIPE — C'est possible, mais je ne veux pas que le sommeil me gâche le prodige de passer cette nuit de fête profondément seul avec toi. Je propose d'ôter ces étoffes si lourdes et puisque nous n'attendons personne...

JOCASTE — Écoute, mon garçon chéri, tu vas te fâcher.

ŒDIPE — Jocaste! ne me dis pas qu'il reste encore quelque chose d'officiel au programme.

JOCASTE — Pendant que mes femmes me coiffent, l'étiquette exige que tu reçoives une visite.

ŒDIPE — Une visite! à des heures pareilles!

JOCASTE — Une visite… une visite… Une visite de pure forme.

ŒDIPE — Dans cette chambre ?

JOCASTE — Dans cette chambre.

ŒDIPE — Et de qui cette visite ?

JOCASTE — Ne te fâche pas. De Tirésias.

ŒDIPE — Tirésias ? Je refuse !

JOCASTE — Écoute…

ŒDIPE — C'est le comble ! Tirésias dans le rôle de la famille qui prodigue les derniers conseils. Laisse-moi rire et refuser la visite de Tirésias.

JOCASTE — Mon petit fou, je te le demande. C'est une vieille coutume de Thèbes que le grand prêtre consacre en quelque sorte l'union des souverains. Et puis Tirésias est notre vieil oncle, notre chien de garde. Je l'aime beaucoup, Œdipe, et Laïus l'adorait ; il est presque aveugle. Il serait maladroit de le blesser et de le mettre contre notre amour.

ŒDIPE — C'est égal… en pleine nuit.

JOCASTE — Fais-le. Fais-le pour nous et pour l'avenir. C'est capital. Vois-le cinq minutes, mais vois-le, écoute-le. Je te le demande.

Elle l'embrasse.

ŒDIPE — Je te préviens que je ne le laisserai pas s'asseoir.

JOCASTE — Je t'aime. (*Long baiser.*) Je ne serai pas longue. (*À la sortie de gauche.*) Je vais le faire prévenir que la place est libre. Patience. Fais-le pour moi. Pense à moi.

> *Elle sort.*
> *Œdipe, resté seul se regarde dans le miroir et prend des poses. Tirésias entre par la droite sans être entendu. Œdipe le voit au milieu de la chambre et se retourne d'un bloc.*

ŒDIPE — Je vous écoute.

TIRÉSIAS — Halte-là, monseigneur, qui vous a dit que je vous réservais un sermon ?

ŒDIPE — Personne, Tirésias, personne. Simplement, je ne suppose pas qu'il vous soit agréable de jouer les trouble-fête. Sans doute attendez-vous que je feigne d'avoir reçu vos conseils. Je m'inclinerai, vous me bénirez et nous nous donnerons l'accolade. Notre fatigue y trouvera son compte en même temps que les usages. Ai-je deviné juste ?

TIRÉSIAS — Peut-être est-il exact qu'il y ait à la base de cette démarche une sorte de coutume, mais il faudrait pour cela un mariage royal avec tout ce qu'il comporte de dynastique, de mécanique et, l'avouerai-je, de fastidieux. Non, monseigneur. Les événements imprévisibles nous mettent en face de problèmes et de devoirs nouveaux. Et vous conviendrez que votre sacre, que votre mariage, se présentent sous une forme difficile à classer, impropre à ranger dans un code.

ŒDIPE — On ne saurait dire avec plus de grâce que je tombe sur la tête de Thèbes comme une tuile tombe d'un toit !

TIRÉSIAS — Monseigneur !

ŒDIPE — Apprenez que tout ce qui se classe empeste la mort. Il faut se déclasser, Tirésias, sortir du rang. C'est le signe des chefs-d'œuvre et des héros. Un déclassé, voilà ce qui étonne et ce qui règne[1].

---

1. L'anarchisme d'Œdipe le situe en marge, comme un poète. Son attaque est plus violente et précise dans une réplique coupée dans la brochure : « ... derrière vous se cache l'homme de classe type, celui qui ne se déclasse jamais, qui persécutera les déclassés jusque parmi ses proches : Créon, l'ennemi des héros, des poètes, Créon qui donnerait tout pour me voir tomber dans une trappe et me rompre le cou. »

TIRÉSIAS — Soit, admettez alors qu'en assumant un rôle qui déborde le protocole, je me déclasse à mon tour.

ŒDIPE — Au but, Tirésias, au but.

TIRÉSIAS — J'irai donc au but et je parlerai en toute franchise. Monseigneur, les présages vous sont funestes, très funestes. Je devais vous mettre en garde.

ŒDIPE — Parbleu! Je m'y attendais. Le contraire m'eût étonné. Ce n'est pas la première fois que les oracles s'acharnent contre moi et que mon audace les déjoue.

TIRÉSIAS — Croyez-vous qu'on puisse les déjouer?

ŒDIPE — J'en suis la preuve. Et même si mon mariage dérange les dieux, que faites-vous de vos promesses, de votre délivrance, de la mort du Sphinx! et pourquoi les dieux m'ont-ils poussé jusqu'à cette chambre, si ces noces leur déplaisent?

TIRÉSIAS — Prétendez-vous résoudre en une minute le problème du libre arbitre? Hélas! Hélas! le pouvoir vous grise.

ŒDIPE — Le pouvoir vous échappe.

TIRÉSIAS — Vous parlez au pontife, prenez garde!

ŒDIPE — Prenez garde, pontife. Dois-je vous faire souvenir que vous parlez à votre roi?

TIRÉSIAS — Au mari de ma reine, monseigneur.

ŒDIPE — Jocaste m'a signifié tout à l'heure que son pouvoir passait absolu entre mes mains. Dites-le à votre maître.

TIRÉSIAS — Je ne sers que les dieux.

ŒDIPE — Enfin, si vous préférez cette formule, à celui qui guette votre retour.

TIRÉSIAS — Jeunesse bouillante! vous m'avez mal compris.

ŒDIPE — J'ai fort bien compris qu'un aventurier vous gêne. Sans doute espérez-vous que j'ai trouvé le Sphinx mort sur une route. Le vrai vainqueur a dû

me le vendre comme à ces chasseurs qui achètent le
lièvre au braconnier. Et si j'ai payé la dépouille, que
découvrirez-vous en fin de compte, comme vainqueur
du Sphinx ? Ce qui vous menaçait chaque minute et
ce qui empêchait Créon de dormir : un pauvre soldat
de seconde classe que la foule porterait en triomphe
et qui réclamerait son dû… (*criant*) *son dû !*

TIRÉSIAS — Il n'oserait pas.

ŒDIPE — Enfin ! Je vous l'ai fait dire. Le voilà le mot de
la farce. Les voilà vos belles promesses. Voilà donc
sur quoi vous comptiez.

TIRÉSIAS — La reine est plus que ma propre fille. Je dois
la surveiller et la défendre. Elle est faible, crédule,
romanesque…

ŒDIPE — Vous l'insultez, ma parole.

TIRÉSIAS — Je l'aime.

ŒDIPE — Elle n'a plus besoin que de mon amour.

TIRÉSIAS — C'est au sujet de cet amour, Œdipe, que
j'exige une explication. Aimez-vous la reine ?

ŒDIPE — De toute mon âme.

TIRÉSIAS — J'entends : aimez-vous la prendre dans vos
bras ?

ŒDIPE — J'aime surtout qu'elle me prenne dans les
siens.

TIRÉSIAS — Je vous sais gré de cette nuance. Vous êtes
jeune, Œdipe, très jeune. Jocaste pourrait être votre
mère. Je sais, je sais, vous allez me répondre…

ŒDIPE — Je vais vous répondre que j'ai toujours rêvé d'un
amour de ce genre, d'un amour presque maternel.

TIRÉSIAS — Œdipe, ne confondez-vous pas la gloire et
l'amour ? Aimeriez-vous Jocaste si elle ne régnait
pas ?

ŒDIPE — Question stupide et cent fois posée. Jocaste
m'aimerait-elle si j'étais vieux, laid, si je ne sortais pas

de l'inconnu? Croyez-vous qu'on ne puisse prendre
le mal d'amour en touchant l'or et la pourpre? Les
privilèges dont vous parlez ne sont-ils pas la subs-
tance même de Jocaste et si étroitement enchevêtrés
à ses organes qu'on ne puisse les désunir. De toute
éternité nous appartenions l'un à l'autre. Son ventre
cache les plis et replis d'un manteau de pourpre
beaucoup plus royal que celui qu'elle agrafe sur ses
épaules. Je l'aime, je l'adore, Tirésias, auprès d'elle
il me semble que j'occupe enfin ma vraie place.
C'est ma femme, c'est ma reine. Je l'ai, je la garde,
je la retrouve, et ni par les prières ni par les menaces,
vous n'obtiendrez que j'obéisse à des ordres venus
je ne sais d'où.

TIRÉSIAS — Réfléchissez encore, Œdipe. Les présages
et ma propre sagesse me donnent tout à craindre de
ces noces extravagantes; réfléchissez.

ŒDIPE — Il serait un peu tard.

TIRÉSIAS — Avez-vous l'expérience des femmes?

ŒDIPE — Pas la moindre. Et même je vais porter votre
surprise à son comble et me couvrir de ridicule à vos
yeux : je suis vierge !

TIRÉSIAS — Vous !

ŒDIPE — Le pontife d'une capitale s'étonne qu'un jeune
campagnard mette son orgueil à se garder pur pour
une offrande unique. Vous eussiez préféré pour la
reine un prince dégénéré, un pantin dont Créon et les
prêtres tireraient les ficelles.

TIRÉSIAS — C'en est trop !

ŒDIPE — Encore une fois, je vous ordonne…

TIRÉSIAS — Ordonne? L'orgueil vous rend-il fou?

ŒDIPE — Ne me mettez pas en colère. Je suis à bout
de patience, irascible, capable de n'importe quel acte
irréfléchi.

TIRÉSIAS — Orgueilleux !... Faible et orgueilleux.

ŒDIPE — Vous l'aurez voulu.

Il se jette sur Tirésias les mains autour de son cou.

TIRÉSIAS — Laissez-moi... N'avez-vous pas honte ?...

ŒDIPE — Vous craignez que sur votre face, là, là, de tout près et dans vos yeux d'aveugle, je lise la vraie vérité de votre conduite.

TIRÉSIAS — Assassin ! Sacrilège !

ŒDIPE — Assassin ! je devrais l'être... J'aurai sans doute un jour à me repentir d'un respect absurde et si j'osais... Oh ! oh ! mais ! dieux ! ici... ici... dans ses yeux d'aveugle, je ne savais pas que ce fût possible.

TIRÉSIAS — Lâchez-moi ! Brute !

ŒDIPE — L'avenir ! mon avenir, comme dans une boule de cristal.

TIRÉSIAS — Vous vous repentirez...

ŒDIPE — Je vois, je vois... Tu as menti, devin ! J'épouserai Jocaste... Une vie heureuse, riche, prospère, deux fils... des filles... et Jocaste toujours aussi belle, toujours la même, une amoureuse, une mère dans un palais de bonheur... Je vois mal, je vois mal, je veux voir ! C'est ta faute, devin... Je veux voir !

Il le secoue.

TIRÉSIAS — Maudit !

ŒDIPE *se rejetant brusquement en arrière, lâchant Tirésias et les mains sur les yeux.* — Ah ! sale bête ! Je suis aveugle. Il m'a lancé du poivre. Jocaste ! au secours ! au secours !...

TIRÉSIAS — Je n'ai rien lancé. Je le jure. Vous êtes puni de votre sacrilège.

ŒDIPE, *il se roule par terre.* — Tu mens !

TIRÉSIAS — Vous avez voulu lire de force ce que contiennent mes yeux malades, ce que moi-même je n'ai pas déchiffré encore, et vous êtes puni.

ŒDIPE — De l'eau, de l'eau, vite, je brûle…

TIRÉSIAS, *il lui impose les mains sur le visage.* — Là, là. Soyez sage… je vous pardonne. Vous êtes nerveux. Restez tranquille, par exemple. Vous y verrez, je vous le jure. Sans doute êtes-vous arrivé à un point que les dieux veulent garder obscur ou bien vous punissent-ils de votre impudence.

ŒDIPE — J'y vois un peu… on dirait.

TIRÉSIAS — Souffrez-vous ?

ŒDIPE — Moins… la douleur se calme. Ah !… c'était du feu, du poivre rouge, mille épingles, une patte de chat qui me fouillait l'œil. Merci…

TIRÉSIAS — Voyez-vous ?

ŒDIPE — Mal, mais je vois, je vois. Ouf ! J'ai bien cru que j'étais aveugle et que c'était un tour de votre façon. Je l'avais mérité, du reste.

TIRÉSIAS — Il fait beau croire aux prodiges lorsque les prodiges nous arrangent et lorsque les prodiges nous dérangent, il fait beau ne plus y croire et que c'est un artifice du devin.

ŒDIPE — Pardonnez-moi. Je suis de caractère emporté, vindicatif. J'aime Jocaste ; je l'attendais, je m'impatientais, et ce phénomène inconnu, toutes ces images de l'avenir dans vos prunelles me fascinaient, m'affolaient ; j'étais comme ivre.

TIRÉSIAS — Y voyez-vous clair ? C'est presque un aveugle qui vous le demande.

ŒDIPE — Tout à fait et je ne souffre plus. J'ai honte ma foi, de ma conduite envers un infirme et un prêtre. Voulez-vous accepter mes excuses ?

TIRÉSIAS — Je ne parlais que pour le bien de Jocaste et pour votre bien.

ŒDIPE — Tirésias, je vous dois en quelque sorte une revanche, un aveu qui m'est dur et que je m'étais promis de ne faire à personne.

TIRÉSIAS — Un aveu?

ŒDIPE — J'ai remarqué au cours de la cérémonie du sacre des signes d'intelligence entre vous et Créon. Ne niez pas. Voilà. Je désirais tenir mon identité secrète, j'y renonce. Ouvrez vos oreilles Tirésias. Je ne suis pas un vagabond. J'arrive de Corinthe. Je suis l'enfant unique du roi Polybe et de la reine Mérope. Un inconnu ne souillera pas cette couche. Je suis roi et fils de roi.

TIRÉSIAS — Monseigneur. (*Il s'incline.*) Il était si simple de dissiper d'une phrase le malaise de votre incognito. Ma petite fille sera si contente…

ŒDIPE — Halte! Je vous demande en grâce de sauvegarder au moins cette dernière nuit. Jocaste aime en moi le vagabond tombé du ciel, le jeune homme surgi de l'ombre. Demain, hélas! on aura vite fait de détruire ce mirage. Entre-temps, je souhaite que la reine me devienne assez soumise pour apprendre sans dégoût qu'Œdipe n'est pas un prince de lune, mais un pauvre prince tout court.

Je vous souhaite le bonsoir, Tirésias. Jocaste ne tardera plus. Je tombe de fatigue… et nous voulons rester tête à tête. C'est notre bon plaisir.

TIRÉSIAS — Monseigneur, je m'excuse. (*Œdipe lui fait un signe de la main. À la sortie de droite, Tirésias s'arrête.*) Un dernier mot.

ŒDIPE, *avec hauteur.* — Plaît-il?

TIRÉSIAS — Pardonnez mon audace. Ce soir, après la fermeture du temple, une belle jeune fille entra dans l'oratoire où je travaille et, sans s'excuser, me tendit cette ceinture en disant : « Remettez-la au seigneur

Œdipe et répétez-lui textuellement cette phrase :
Prenez cette ceinture, elle vous permettra de venir
jusqu'à moi lorsque j'aurai tué la bête. » À peine
avais-je empoché la ceinture que la jeune fille éclata
de rire et disparut sans que je puisse comprendre par
où.

ŒDIPE, *il lui arrache la ceinture.* — Et c'était votre dernière carte. Déjà vous échafaudiez tout un système
pour me perdre dans l'esprit et dans le cœur de la
reine. Que sais-je ? Une promesse antérieure de
mariage… Une jeune fille qui se venge… Le scandale du temple… l'objet révélateur…

TIRÉSIAS — Je m'acquitte d'une commission. Voilà
tout.

ŒDIPE — Faute de calcul, méchante politique. Allez…
portez en hâte ces mauvaises nouvelles au prince
Créon.

                          Tirésias reste sur le seuil.

Il comptait me faire peur ! Et c'est moi qui vous
fais peur, en vérité, Tirésias, moi qui vous effraie.
Je le vois écrit en grosses lettres sur votre visage.
L'enfant n'était pas si facile à terroriser. Dites que
c'est l'enfant qui vous effraie, grand-père ? Avouez,
grand-père ! Avouez que je vous effraie ! Avouez
donc que je vous fais peur !

        *Œdipe est à plat ventre sur la peau de bête.
        Tirésias, debout, comme en bronze. Un silence. Le
        tonnerre.*

TIRÉSIAS — Oui. Très peur.

Il sort à reculons. On entend sa voix qui vaticine.

Œdipe! Œdipe! écoutez-moi. Vous poursuivez une gloire classique. Il en existe une autre : la gloire obscure. C'est la dernière ressource de l'orgueilleux qui s'obstine contre les astres.

Œdipe resté regarde la ceinture. Lorsque Jocaste entre, en robe de nuit, il cache vite la ceinture sous la peau de bête.

JOCASTE — Eh bien? Qu'a dit le croquemitaine? Il a dû te torturer.

ŒDIPE — Oui... non...

JOCASTE — C'est un monstre. Il a dû te démontrer que tu étais trop jeune pour moi.

ŒDIPE — Tu es belle, Jocaste!...

JOCASTE — ... Que j'étais vieille.

ŒDIPE — Il m'a plutôt laissé entendre que j'aimais tes perles, ton diadème.

JOCASTE — Toujours abîmer tout! Gâcher tout! Faire du mal!

ŒDIPE — Il n'a pas réussi à m'effrayer, sois tranquille. Au contraire, c'est moi qui l'effraie. Il en a convenu.

JOCASTE — C'est bien fait! Mon amour! Toi, mes perles, mon diadème.

ŒDIPE — Je suis heureux de te revoir sans aucune pompe, sans tes bijoux, sans tes ordres, simple, blanche, jeune, belle, dans notre chambre d'amour.

JOCASTE — Jeune! Œdipe... Il ne faut pas de mensonges...

ŒDIPE — Encore...

JOCASTE — Ne me gronde pas.

ŒDIPE — Si, je te gronde! Je te gronde, parce qu'une femme telle que toi devrait être au-dessus de ces bêtises. Un visage de jeune fille, c'est l'ennui d'une page blanche où mes yeux ne peuvent rien lire d'émouvant ; tandis que ton visage ! Il me faut les cicatrices, les tatouages du destin, une beauté qui sorte des tempêtes. Tu redoutes la patte-d'oie, Jocaste ! Que vaudrait un regard, un sourire de petite oie, auprès de ta figure étonnante, sacrée : giflée par le sort, marquée par le bourreau, et tendre, tendre et... (*Il s'aperçoit que Jocaste pleure.*) Jocaste ! ma petite fille ! tu pleures ! Mais qu'est-ce qu'il y a ?... Allons, bon... Qu'est-ce que j'ai fait ? Jocaste !...

JOCASTE — Suis-je donc si vieille... si vieille ?

ŒDIPE — Chère folle ! C'est toi qui t'acharnes...

JOCASTE — Les femmes disent ces choses pour qu'on les contredise. Elles espèrent toujours que ce n'est pas vrai.

ŒDIPE — Ma Jocaste !... Et moi stupide ! Quel ours infect... Ma chérie... Calme-toi, embrasse-moi... J'ai voulu dire...

JOCASTE — Laisse... Je suis grotesque.

Elle se sèche les yeux.

ŒDIPE — C'est ma faute.

JOCASTE — Ce n'est pas ta faute... Là... j'ai du noir dans l'œil, maintenant. (*Œdipe la cajole.*) C'est fini.

ŒDIPE — Vite un sourire. (*Léger roulement de tonnerre.*) Écoute...

JOCASTE — Je suis nerveuse à cause de l'orage.

ŒDIPE — Le ciel est si étoilé, si pur.

JOCASTE — Oui, mais il y a de l'orage quelque part. Quand la fontaine fait une espèce de bruit comme du silence, et que j'ai mal à l'épaule, il y a de l'orage et des éclairs de chaleur.

Elle s'appuie contre la baie. Éclair de chaleur.

ŒDIPE — Viens, viens, viens…

JOCASTE — Œdipe !… viens une minute.

ŒDIPE — Qu'y a-t-il ?

JOCASTE — Le factionnaire… regarde, penche-toi. Sur le banc, à droite, il dort. Tu ne trouves pas qu'il est beau, ce garçon, avec sa bouche ouverte ?

ŒDIPE — Je vais lui apprendre à dormir en jetant de l'eau dans sa bouche ouverte !

JOCASTE — Œdipe !

ŒDIPE — On ne dort pas quand on garde sa reine.

JOCASTE — Le Sphinx est mort et tu vis. Qu'il dorme en paix ! Que toute la ville dorme en paix. Qu'ils dorment tous !

ŒDIPE — Ce factionnaire a de la chance.

JOCASTE — Œdipe ! Œdipe ! J'aimerais te rendre jaloux, mais ce n'est pas cela… Ce jeune garde…

ŒDIPE — Qu'a-t-il donc de si particulier ce jeune garde ?

JOCASTE — Pendant la fameuse nuit, la nuit du Sphinx, pendant que tu rencontrais la bête, j'avais fait une escapade sur les remparts, avec Tirésias. On m'avait dit qu'un soldat avait vu le spectre de Laïus et que Laïus m'appelait, voulait me prévenir d'un danger qui me menace[1]. Eh bien… le soldat, était justement cette sentinelle qui nous garde.

ŒDIPE — Qui nous garde !… Au reste… qu'il dorme en paix, bonne Jocaste. Je te garderai bien tout seul. Naturellement, pas le moindre spectre de Laïus.

JOCASTE — Pas le moindre, hélas !… Le pauvret ! je lui touchais les épaules, les jambes, je disais à Zizi

---

1. « … un danger qui me menace » : le passage au présent est significatif. Le danger est bien là.

« touche, touche », j'étais bouleversée… parce qu'il te ressemblait. Et c'est vrai qu'il te ressemble, Œdipe.

ŒDIPE — Tu dis : « ce garde te ressemblait. » Mais, Jocaste, tu ne me connaissais pas encore, il était impossible que tu saches, que tu devines…

JOCASTE — C'est vrai, ma foi. Sans doute ai-je voulu dire que mon fils aurait presque son âge. (*Silence.*) Oui… j'embrouille. C'est seulement maintenant que cette ressemblance me saute aux yeux. (*Elle secoue ce malaise.*) Tu es bon, tu es beau, je t'aime. (*Après une pause.*) Œdipe !

ŒDIPE — Ma déesse ?

JOCASTE — À Créon, à Zizi, à tous, j'approuve que tu refuses de raconter ta victoire (*les bras autour de son cou*) mais à moi… à moi !

ŒDIPE, *se dégageant.* — J'avais ta promesse !… Et sans ce garçon…

JOCASTE — La Jocaste d'hier est-elle ta Jocaste de maintenant ? N'ai-je pas le droit de partager tes souvenirs sans que personne d'autre s'en doute ?

ŒDIPE — Certes.

JOCASTE — Et souviens-toi, tu répétais : non, non, Jocaste, plus tard, plus tard, lorsque nous serons dans notre chambre d'amour. Eh bien, sommes-nous dans notre chambre d'amour ?…

ŒDIPE — Entêtée ! Sorcière ! Elle arrive toujours à ce qu'elle veut. Alors ne bouge plus… je commence.

JOCASTE — Oh ! Œdipe ! Œdipe ! Quelle chance ! Quelle chance ! je ne bouge plus.

> *Jocaste se couche, ferme les yeux et ne bouge plus. Œdipe ment, il invente, hésite, accompagné par l'orage.*

ŒDIPE — Voilà. J'approchais de Thèbes. Je suivais le sentier de chèvres qui longe la colline, au sud de la ville. Je pensais à l'avenir, à toi, que j'imaginais, moins belle, que tu n'es en réalité, mais très belle, très peinte et assise sur un trône au centre d'un groupe de dames d'honneur. Admettons que je le tue, pensai-je, Œdipe oserait-il accepter la récompense promise ? Oserai-je approcher la reine ?... Et je marchais, et je me tourmentais, et tout d'un coup je fis halte. Mon cœur sautait dans ma poitrine. Je venais d'entendre une sorte de chant. La voix qui chantait n'était pas de ce monde. Était-ce le Sphinx ? Mon sac de route contenait un couteau. Je glissai ce couteau sous ma tunique et je rampai.

Connais-tu, sur la colline, les restes d'un petit temple avec un socle et la croupe d'une chimère ?

Silence.

Jocaste... Jocaste... Tu dors ?...

JOCASTE, *réveillée en sursaut.* — Hein ? Œdipe...

ŒDIPE — Tu dormais.

JOCASTE — Mais non.

ŒDIPE — Mais si ! En voilà une petite fille capricieuse qui exige qu'on lui raconte des histoires et qui s'endort au lieu de les écouter.

JOCASTE — J'ai tout entendu. Tu te trompes. Tu parlais d'un sentier de chèvres.

ŒDIPE — Il était loin le sentier de chèvres !...

JOCASTE — Mon chéri, ne te vexe pas. Tu m'en veux ?...

ŒDIPE — Moi ?

JOCASTE — Si ! tu m'en veux et c'est justice. Triple sotte ! Voilà l'âge et ses tours !

ŒDIPE — Ne t'attriste pas. Je recommencerai le récit, je te le jure, mais il faut toi et moi nous étendre côte à côte et dormir un peu. Ensuite nous serions sortis de cette glu et de cette lutte contre le sommeil qui abîme tout. Le premier réveillé réveillera l'autre. C'est promis ?

JOCASTE — C'est promis. Les pauvres reines savent dormir, assises, une minute, entre deux audiences. Seulement donne-moi ta main. Je suis trop vieille. Tirésias avait raison.

ŒDIPE — Peut-être pour Thèbes où les jeunes filles sont nubiles à treize ans. Et moi alors ? Suis-je un vieillard ? Ma tête tombe ; c'est mon menton qui me réveille en heurtant ma poitrine.

JOCASTE — Toi, ce n'est pas pareil, c'est le marchand de sable comme disent les petits ! Mais moi ? Tu me commençais enfin la plus belle histoire du monde et je somnole comme une grand-mère au coin du feu. Et tu me puniras en ne recommençant plus, en trouvant des prétextes… J'ai parlé ?

ŒDIPE — Parlé ? Non non. Je te croyais attentive. Méchante ! As-tu des secrets que tu craignes de me livrer pendant ton sommeil ?

JOCASTE — Je craignais simplement ces phrases absurdes qu'il nous arrive de prononcer endormis.

ŒDIPE — Tu reposais, sage comme une image. À tout de suite, ma petite reine.

JOCASTE — À tout de suite, mon roi, mon amour.

> *La main dans la main, côte à côte, ils ferment les yeux et tombent dans le sommeil écrasant des personnes qui luttent contre le sommeil. Un temps. La fontaine monologue. Léger tonnerre. Tout à coup l'éclairage devient un éclairage de songe. C'est le songe d'Œdipe. La peau de bête se soulève. Elle coiffe l'Anubis qui se dresse. Il montre la ceinture au bout de son bras tendu. Œdipe s'agite, se retourne.*

ANUBIS, *d'une voix lente, moqueuse.* — J'ai fait, grâce
à ma triste enfance, des études qui me procurent
bien des avantages sur les garnements de Thèbes et
je ne pense pas que le monstre naïf s'attende à se
trouver face à face avec l'élève des meilleurs lettrés
de Corinthe. Mais si vous m'avez joué un tour, je
vous tirerai par les cheveux. (*Jusqu'au hurlement.*)
Je vous tirerai par les cheveux, je vous tirerai par les
cheveux, je vous pincerai jusqu'au sang!… je vous
pincerai jusqu'au sang!…

JOCASTE, *elle rêve.* — … Non, pas cette pâte, pas cette
pâte immonde…

ŒDIPE, *d'une voix sourde, lointaine.* — Je compte jusqu'à cinquante : un, deux, trois, quatre, huit, sept,
neuf, dix, dix, onze, quatorze, cinq, deux, quatre,
sept, quinze, quinze, quinze, quinze, trois, quatre…

ANUBIS — Et l'Anubis s'élancerait. Il ouvrirait ses
mâchoires de loup!

> *Il s'évanouit sous l'estrade. La peau de bête*
> *reprend son aspect normal.*

ŒDIPE — À l'aide! Au secours! au secours! à moi!
Venez tous! à moi!

JOCASTE — Hein? Qu'y a-t-il? Œdipe! mon chéri! Je
dormais comme une masse! Réveille-toi!

> *Elle le secoue.*

ŒDIPE, *se débattant et parlant au Sphinx.* — Oh!
madame… Oh! madame, madame! Grâce, madame!
Non! Non! Non! Non, madame!

JOCASTE — Mon petit, ne m'angoisse pas. C'est un rêve.
C'est moi, moi, Jocaste, ta femme Jocaste.

ŒDIPE — Non ! non ! (*Il s'éveille.*) Où étais-je ? Quelle
  horreur ! Jocaste, c'est toi… Quel cauchemar, quel
  cauchemar horrible.

JOCASTE — Là, là, c'est fini, tu es dans notre chambre,
  dans mes bras…

ŒDIPE — Tu n'as rien vu ? C'est vrai, je suis stupide,
  c'était cette peau de bête… Ouf ! J'ai dû parler ? De
  quoi ai-je parlé ?

JOCASTE — À ton tour. Tu criais : « Madame ! Non, non,
  madame ! Non, madame. Grâce, madame ! » Quelle
  était cette méchante dame ?

ŒDIPE — Je ne me souviens plus. Quelle nuit !

JOCASTE — Et moi ? Tes cris m'ont sauvée d'un cauchemar sans nom. Regarde ! tu es trempé, inondé de
  sueur. C'est ma faute. Je t'ai laissé t'endormir avec
  ces étoffes lourdes, ces colliers d'or, ces agrafes, ces
  sandales qui coupent les chevilles… (*Elle le soulève,
  il retombe.*) Allons ! quel gros bébé ! il est impossible
  de te laisser dans toute cette eau. Ne te fais pas lourd,
  aide-moi…

> *Elle le soulève, lui ôte sa tunique et le frotte.*

ŒDIPE, *encore dans le vague.* — Oui, ma petite mère
  chérie…

JOCASTE, *l'imitant.* — Oui, ma petite mère chérie…
  Quel enfant ! Voilà qu'il me prend pour sa mère.

ŒDIPE, *réveillé.* — Oh ! pardon, Jocaste, mon amour je
  suis absurde. Tu vois, je dors à moitié, je mélange
  tout. J'étais à mille lieues, auprès de ma mère qui
  trouve toujours que j'ai trop froid ou trop chaud. Tu
  n'es pas fâchée ?

JOCASTE — Qu'il est bête ! Laisse-toi faire et dors. Toujours il s'excuse, il demande pardon. Quel jeune
  homme poli, ma parole ! Il a dû être choyé par une

maman très bonne, trop bonne, et on la quitte, voilà. Mais je n'ai pas à m'en plaindre et je l'aime de tout mon cœur d'amoureuse la maman qui t'a dorloté, qui t'a gardé, qui t'a élevé pour moi, pour nous.

ŒDIPE — Tu es bonne.

JOCASTE — Parlons-en. Tes sandales. Lève ta jambe gauche. (*Elle le déchausse.*) Et ta jambe droite. (*Même jeu. Soudain, elle pousse un cri terrible.*)

ŒDIPE — Tu t'es fait mal ?

JOCASTE — Non… non…

> *Elle recule, regarde les pieds d'Œdipe, comme une folle.*

ŒDIPE — Ah ! mes cicatrices… Je ne les croyais pas si laides. Ma pauvre chérie, tu as eu peur ?

JOCASTE — Ces trous… d'où viennent-ils ?… Ils ne peuvent témoigner que de blessures si graves…

ŒDIPE — Blessures de chasse, paraît-il. J'étais dans les bois ; ma nourrice me portait. Soudain un sanglier débouche d'un massif et la charge. Elle a perdu la tête, m'a lâché. Je suis tombé, et un bûcheron a tué l'animal pendant qu'il me labourait à coups de boutoirs[1]… C'est vrai ! Mais elle est pâle comme une morte ? Mon chéri ! mon chéri ! J'aurais dû te prévenir. J'ai tellement l'habitude, moi, de ces trous affreux. Je ne te savais pas si sensible…

JOCASTE — Ce n'est rien…

ŒDIPE — La fatigue, la somnolence nous mettent dans cet état de vague terreur… tu sortais d'un mauvais rêve…

---

1. « Boutoirs » : c'est le terme exact pour désigner l'extrémité du groin et les canines avec lesquels le sanglier fouit la terre.

JOCASTE — Non… Œdipe ; non. En réalité ces cicatrices me rappellent quelque chose que j'essaie toujours d'oublier.

ŒDIPE — Je n'ai pas de chance.

JOCASTE — Tu ne pouvais pas savoir. Il s'agit d'une femme, ma sœur de lait, ma lingère. Au même âge que moi, à dix-huit ans elle était enceinte. Elle vénérait son mari malgré la grande différence d'âge et voulait un fils. Mais les oracles prédirent à l'enfant un avenir tellement atroce, qu'après avoir accouché d'un fils, elle n'eut pas le courage de le laisser vivre.

ŒDIPE — Hein ?

JOCASTE — Attends… Imagine la force qu'il faut à une malheureuse pour supprimer la vie de sa vie… le fils de son ventre, son idéal sur la terre, l'amour de ses amours.

ŒDIPE — Et que fit cette… dame ?

JOCASTE — La mort au cœur, elle troua les pieds du nourrisson, les lia, le porta en cachette sur une montagne, l'abandonnant aux louves et aux ours.

Elle se cache la figure.

ŒDIPE — Et le mari ?

JOCASTE — Tous crurent que l'enfant était mort de mort naturelle et que la mère l'avait enterré de ses propres mains.

ŒDIPE — Et… cette dame… existe ?

JOCASTE — Elle est morte.

ŒDIPE — Tant mieux pour elle, car mon premier exemple d'autorité royale aurait été de lui infliger publiquement les pires supplices, et après quoi, de la faire mettre à mort.

JOCASTE — Les oracles étaient formels. Une femme se trouve si stupide, si faible en face d'eux.

ŒDIPE — Tuer! (*Se rappelant Laïus.*) Il n'est pas indigne de tuer lorsque le réflexe de défense nous emporte, lorsque le mauvais hasard s'en mêle; mais tuer froidement, lâchement, la chair de sa chair, rompre la chaîne… tricher au jeu!

JOCASTE — Œdipe! parlons d'autre chose… ta petite figure furieuse me fait trop de mal.

ŒDIPE — Parlons d'autre chose. Je risquerais de t'aimer moins si tu essaies de défendre cette chienne de malheur.

JOCASTE — Tu es un homme, mon amour, un homme libre et un chef! Tâche de te mettre à la place d'une gamine, crédule aux présages et, qui plus est, grosse, éreintée, écœurée, chambrée, épouvantée par les prêtres…

ŒDIPE — Une lingère! c'est sa seule excuse. L'aurais-tu fait?

JOCASTE, *geste.* — Non, bien sûr.

ŒDIPE — Et ne crois pas que lutter contre les oracles exige une décision d'Hercule. Je pourrais me vanter, me poser en phénomène; je mentirais. Sache que pour déjouer l'oracle il me fallait tourner le dos à ma famille, à mes atavismes, à mon pays. Eh bien, plus je m'éloignais de ma ville, plus j'approchais de la tienne, plus il me semblait rentrer chez moi.

JOCASTE — Œdipe! Œdipe! Cette petite bouche qui parle, qui parle, cette langue qui s'agite, ces sourcils qui se froncent, ces grands yeux qui lancent des éclairs… Les sourcils, ne peuvent-ils pas se détendre un peu et les yeux se fermer doucement, Œdipe, et la bouche servir à des caresses plus douces que la parole.

ŒDIPE — Je te le répète, je suis un ours, un sale ours! Un maladroit.

JOCASTE — Tu es un enfant.

ŒDIPE — Je ne suis pas un enfant !

JOCASTE — […]¹ Il recommence ! Là, là, sois sage.

ŒDIPE — Tu as raison ; je suis impossible. Calme cette bouche bavarde avec ta bouche, ces yeux fébriles avec tes doigts.

JOCASTE — Permets. Je ferme la porte de la grille ; je n'aime pas savoir cette grille ouverte la nuit.

ŒDIPE — J'y vais.

JOCASTE — Reste étendu… J'irai aussi jeter un coup d'œil au miroir. Voulez-vous embrasser une mégère ? Après toutes ces émotions les dieux seuls savent comment je dois être faite. Ne m'intimide pas. Ne me regarde pas. Retournez-vous, Œdipe.

ŒDIPE — Je me retourne. (*Il se couche en travers du lit, appuyant sa tête sur le bord du berceau.*) Là, je ferme les yeux ; je n'existe plus.

> *Jocaste se dirige vers la fenêtre.*

JOCASTE, *à Œdipe.* — Le petit soldat dort toujours à moitié nu… et il ne fait pas chaud… le pauvret.

> *Elle marche vers la psyché ; soudain elle s'arrête, l'oreille vers la place. Un ivrogne parle très haut, avec de longues poses entre ses réflexions.*

---

1. Texte coupé dans la brochure : « Fou chéri !… Cette rage enfantine : être des hommes, des mâles ! Si vous saviez combien les hommes qu'on appelle hommes à femmes nous déplaisent. Ils sont distraits, rapides, ils méprisent les femmes, elles leur servent de distraction. Notre seul désir serait un amour presque maternel, — un amour qui berce, qui se repose —, un amour interminable, un amour sans vanité masculine et sans hâte. »

VOIX DE L'IVROGNE — La politique !… La po-li-tique ! Si c'est pas malheureux. Parlez-moi de la politique… Ho ! Tiens, un mort !… Pardon, excuse : c'est un soldat endormi… Salut militaire, salut à l'armée endormie.

> *Silence. Jocaste se hausse. Elle essaie de voir dehors.*

VOIX DE L'IVROGNE — La politique… (*Long silence.*) C'est une honte… une honte…

JOCASTE — Œdipe ! mon chéri.

ŒDIPE, *endormi.* — Hé !…

JOCASTE — Œdipe, Œdipe ! Il y a un ivrogne, et la sentinelle ne l'entend pas. Je déteste les ivrognes. Je voudrais qu'on le chasse, qu'on réveille le soldat. Œdipe ! Œdipe ! Je t'en supplie !

> *Elle le secoue.*

ŒDIPE — Je dévide, je déroule, je calcule, je médite, je tresse, je vanne, je tricote, je natte, je croise…

JOCASTE — Qu'est-ce qu'il raconte ? Comme il dort ! Je pourrais mourir, il ne s'en apercevrait pas.

L'IVROGNE — La politique !

> *Il chante. Dès les premiers vers, Jocaste lâche Œdipe, repose doucement sa tête contre le bord du berceau et s'élance vers le milieu de la chambre. Elle écoute.*

> *Madame, que prétendez-vous*
> *Madame, que prétendez-vous*
> *Votre époux est trop jeune,*
> *Bien trop jeune pour vous… Hou !…*

Et caetera…

JOCASTE — Ho ! les monstres…

L'IVROGNE — *Madame, que prétendez-vous*
                          Avec ce mariage ?

> *Pendant ce qui suit, Jocaste, affolée, marche*
> *sur la pointe des pieds vers la fenêtre. Ensuite elle*
> *remonte vers le lit, et penchée sur Œdipe, observe*
> *sa figure, tout en regardant de temps à autre vers la*
> *fenêtre où la voix de l'ivrogne alterne avec le bruit*
> *de la fontaine et les coqs ; elle berce le sommeil*
> *d'Œdipe en remuant doucement le berceau.*

L'IVROGNE — Si j'étais la politique… je dirais à la reine :
Madame !… un junior ne vous convient pas… Prenez un mari sérieux, sobre, solide… un mari comme
moi…

VOIX DU GARDE

> *On sent qu'il vient de se réveiller. Il retrouve peu*
> *à peu de l'assurance.*

Circulez !

VOIX DE L'IVROGNE — Salut à l'armée réveillée…

LE GARDE — Circulez ! et plus vite.

L'IVROGNE — Vous pourriez être poli…

> *Dès l'entrée en scène de la voix du garde, Jocaste*
> *a lâché le berceau, après avoir isolé la tête d'Œdipe*
> *avec les tulles.*

LE GARDE — Vous voulez que je vous mette en boîte ?

L'IVROGNE — Toujours la politique. Si c'est pas malheureux !

> *Madame, que prétendez-vous*

LE GARDE — Allons, ouste! Videz la place…
L'IVROGNE — Je la vide, je la vide, mais soyez poli.

> *Jocaste, pendant ces quelques répliques s'approche de la psyché. Comme le clair de lune et l'aube projettent une lumière en sens inverse, elle ne peut se voir. Elle empoigne la psyché par les montants et l'éloigne du mur. La glace, proprement dite, restera fixe contre le décor. Jocaste n'entraîne que le cadre et, cherchant la lumière, jette des regards du côté d'Œdipe endormi. Elle roule le meuble avec prudence jusqu'au premier plan, à la place du trou du souffleur, de sorte que le public devienne la glace et que Jocaste se regarde, visible à tous,*

L'IVROGNE, *très loin.*

> *Votre époux est trop jeune*
> *Bien trop jeune pour vous… Hou!…*

> *On doit entendre le pas du factionnaire; les sonneries du réveil, les coqs, l'espèce de ronflement que fait le souffle jeune et rythmé d'Œdipe. Jocaste, le visage contre le miroir vide, se remonte les joues, à pleines mains*[1].

RIDEAU

1. Cocteau a fait plusieurs expériences pour trouver un effet final. Dans l'édition Grasset (1957) il précise : « N. B. — Actuellement, au théâtre, l'acte se termine de la manière suivante. Après "Ho! les monstres…" et les paroles de l'ivrogne qui s'éloigne, Jocaste remue d'une main le berceau et se penche sur Œdipe en murmurant : "Dors, mon petit… dors" » (p. 283).

ACTE IV

ŒDIPE ROI
(Dix-sept ans après.)

LA VOIX

Dix-sept ans ont passé vite. La grande peste de Thèbes a l'air d'être le premier échec à cette fameuse chance d'Œdipe, car les dieux ont voulu, pour le fonctionnement de leur machine infernale, que toutes les malchances surgissent sous le déguisement de la chance. Après les faux bonheurs, le roi va connaître le vrai malheur, le vrai sacre, qui fait, de ce roi de jeux de cartes entre les mains des dieux cruels, enfin, un homme[1].

1. « C'est donc quand je ne suis plus rien que je deviens vraiment un homme », Sophocle, *Œdipe à Colone*, v. 393.

L'estrade, débarrassée de la chambre dont l'étoffe rouge s'envole vers les cintres, semble cernée de murailles qui grandissent. Elle finit par représenter le fond d'une sorte de cour. Une logette en l'air fait correspondre la chambre de Jocaste avec cette cour. On y monte par une porte ouverte en bas, au milieu. Lumière de peste.

Au lever du rideau, Œdipe, portant une petite barbe, vieilli, se tient debout près de la porte. Tirésias et Créon à droite et à gauche de la cour. Au deuxième plan, à droite, un jeune garçon, genou en terre : le messager de Corinthe.

ŒDIPE — En quoi suis-je encore scandaleux, Tirésias ?

TIRÉSIAS — Comme toujours vous amplifiez les termes. Je trouve, et je répète, qu'il convient peut-être d'apprendre la mort d'un père avec moins de joie.

ŒDIPE — Vraiment ? (*Au messager.*) N'aie pas peur petit. Raconte. De quoi Polybe est-il mort ? Mérope est-elle très, très malheureuse ?

LE MESSAGER — Seigneur Œdipe, le roi Polybe est mort de vieillesse et… la reine, sa femme, est presque inconsciente. Son âge l'empêche même de bien envisager son malheur.

ŒDIPE, *une main à la bouche.* — Jocaste ! Jocaste !

> Jocaste apparaît à la logette ; elle écarte le rideau. Elle porte son écharpe rouge.

JOCASTE — Qu'y a-t-il ?

ŒDIPE — Tu es pâle ; ne te sens-tu pas bien ?

JOCASTE — La peste, la chaleur, les visites aux hospices, toutes ces choses m'épuisent, je l'avoue. Je me reposais sur mon lit.

ŒDIPE — Ce messager m'apporte une grande nouvelle et qui valait la peine que je te dérange.

JOCASTE, *étonnée.* — Une bonne nouvelle ?...

ŒDIPE — Tirésias me reproche de la trouver bonne : Mon père est mort.

JOCASTE — Œdipe !

ŒDIPE — L'oracle m'avait dit que je serais son assassin et l'époux de ma mère. Pauvre Mérope ! elle est bien vieille et mon père Polybe meurt de sa bonne mort.

JOCASTE — La mort d'un père n'est jamais chose heureuse que je sache.

ŒDIPE — Je déteste la comédie et les larmes de convention. Pour être vrai, j'ai quitté père et mère trop jeune et mon cœur s'est détaché d'eux.

LE MESSAGER — Seigneur Œdipe, si j'osais...

ŒDIPE — Il faut oser, mon garçon.

LE MESSAGER — Votre indifférence n'est pas de l'indifférence. Je peux vous éclairer sur elle.

ŒDIPE — Voilà du nouveau.

LE MESSAGER — J'aurais dû commencer par la fin. À son lit de mort, le roi de Corinthe m'a chargé de vous apprendre que vous n'étiez que son fils adoptif.

ŒDIPE — Quoi ?

LE MESSAGER — Mon père, un berger de Polybe[1], vous trouva jadis, sur une colline, exposé aux bêtes féroces. Il était pauvre ; il porta sa trouvaille à la reine qui pleurait de n'avoir pas d'enfant. C'est ce qui me vaut l'honneur de cette mission extraordinaire à la cour de Thèbes.

TIRÉSIAS — Ce jeune homme doit être épuisé par sa course et il a traversé notre ville pleine de miasmes impurs ; ne vaudrait-il pas mieux qu'il se rafraîchisse, qu'il se repose, et vous l'interrogeriez après.

ŒDIPE — Vous voulez que le supplice dure, Tirésias ; vous croyez que mon univers s'écroule. Vous me connaissez mal. Ne vous réjouissez pas trop vite. Peut-être suis-je heureux, moi, d'être un fils de la chance.

TIRÉSIAS — Je vous mettais en garde contre votre habitude néfaste d'interroger, de savoir, de comprendre tout.

ŒDIPE — Parbleu ! Que je sois fils des muses ou d'un chemineau, j'interrogerai sans crainte ; je saurai les choses.

JOCASTE — Œdipe, mon amour, il a raison. Tu t'exaltes… tu t'exaltes… tu crois tout ce qu'on te raconte et après…

ŒDIPE — Par exemple ! C'est un comble ! Je reçois sans broncher les coups les plus rudes, et chacun se ligue pour que j'en reste là et que je ne cherche pas à connaître mes origines.

JOCASTE — Personne ne se ligue… mon chéri… mais je te connais…

ŒDIPE — Tu te trompes, Jocaste. On ne me connaît plus, ni toi, ni moi, ni personne… (*Au messager.*) Ne tremble pas, petit. Parle ! Parle encore.

---

1. Chez Sophocle, le messager de Corinthe est le même qui a reçu l'enfant aux chevilles blessées des mains du berger de Laïos.

LE MESSAGER — Je ne sais rien d'autre, seigneur Œdipe, sinon que mon père vous délia presque mort, pendu par vos pieds blessés à une courte branche.

ŒDIPE — Les voilà donc ces belles cicatrices.

JOCASTE — Œdipe, Œdipe… remonte… On croirait que tu aimes fouiller tes plaies avec un couteau.

ŒDIPE — Voilà donc mes langes!… Mon histoire de chasse… fausse comme tant d'autres. Eh bien, ma foi! Il se peut que je sois né d'un dieu sylvestre et d'une dryade et nourri par des louves. Ne vous réjouissez pas trop vite, Tirésias.

TIRÉSIAS — Vous êtes injuste…

ŒDIPE — Au reste, je n'ai pas tué Polybe, mais… j'y songe… j'ai tué un homme.

JOCASTE — Toi?

ŒDIPE — Moi! Oh! rassurez-vous, c'était accidentel et pure malchance. Oui, j'ai tué, devin, mais le parricide, il faut y renoncer d'office. Pendant une rixe avec des serviteurs, j'ai tué un vieillard qui voyageait, au carrefour de Daulie et de Delphes.

JOCASTE — Au carrefour de Daulie et de Delphes!…

> *Elle disparaît, comme on se noie.*

ŒDIPE — Voilà de quoi fabriquer une magnifique catastrophe. Ce voyageur devait être mon père. « Ciel, mon père! » Mais, l'inceste sera moins commode, messieurs. Qu'en penses-tu, Jocaste?… (*Il se retourne et voit que Jocaste a disparu.*) Parfait! Dix-sept années de bonheur, de règne sans tache, deux fils, deux filles, et il suffit que cette noble dame apprenne que je suis l'inconnu (qu'elle aima d'abord) pour me tourner le dos. Qu'elle boude! Qu'elle boude! Je resterai donc tête à tête avec mon destin.

CRÉON[1] — Ta femme est malade, Œdipe. La peste nous démoralise tous. Les dieux punissent la ville et veulent une victime. Un monstre se cache parmi nous. Ils exigent qu'on le découvre et qu'on le chasse. Chaque jour la police échoue et les cadavres encombrent les rues. Te rends-tu compte des efforts que tu exiges de Jocaste ? Te rends-tu compte que tu es un homme et qu'elle est une femme, une femme âgée, une mère inquiète de la contagion ? Avant de reprocher à Jocaste un geste d'humeur, tu pourrais lui trouver des excuses.

ŒDIPE — Je te sens venir, beau-frère. La victime idéale, le monstre qui se cache… De coïncidences en coïncidences… ce serait du beau travail, avec l'aide des prêtres et de la police, d'arriver à embrouiller le peuple de Thèbes et à lui laisser croire que c'est moi.

CRÉON — Vous êtes absurde !

ŒDIPE — Je vous crois capable du pire, mon ami. Mais Jocaste c'est autre chose… Son attitude m'étonne. (*Il appelle.*) Jocaste ! Jocaste ! Où es-tu ?

TIRÉSIAS — Ses nerfs semblaient à bout ; elle se repose… laissez-la tranquille.

ŒDIPE — Je vais… (*Il s'approche du jeune garde.*) Au fait… au fait…

LE MESSAGER — Monseigneur !

ŒDIPE — Les pieds troués… liés… sur la montagne… Comment n'ai-je pas compris tout de suite !… Et moi qui me demandais pourquoi Jocaste…

---

1. Première intervention de Créon qui est beaucoup plus présent chez Sophocle. Au prologue, il rapporte le message d'Apollon selon lequel il faut purifier la ville en trouvant l'assassin de Laïos. Il se querelle violemment avec Œdipe au cours du deuxième épisode. Au dénouement il se montre généreux et compatissant et entraîne Œdipe blessé à l'abri du palais.

Il est dur de renoncer aux énigmes… Messieurs, je n'étais pas un fils de dryade. Je vous présente le fils d'une lingère, un enfant du peuple, un produit de chez vous.

CRÉON — Quel est ce conte?

ŒDIPE — Pauvre, pauvre Jocaste! Sans le savoir, je lui ai dit un jour ce que je pensais de ma mère… Je comprends tout maintenant. Elle doit être terrifiée, désespérée. Bref… attendez-moi. Il est capital que je l'interroge, que rien ne reste dans l'ombre, que cette mauvaise farce prenne fin.

Il sort par la porte du milieu. Aussitôt Créon se dépêche d'aller au messager, de l'entraîner et de le faire disparaître par la gauche.

CRÉON — Il est fou! Quelle est cette histoire?

TIRÉSIAS — Ne bougez pas. Un oracle arrive du fond des siècles. La foudre vise cet homme, et je vous demande, Créon, de laisser la foudre suivre ses caprices, d'attendre immobile, de ne vous mêler de rien.

Tout à coup on voit Œdipe à la logette, déraciné, décomposé, appuyé d'une main contre la muraille.

ŒDIPE — Vous me l'avez tuée…

CRÉON — Tuée?

ŒDIPE — Vous me l'avez tuée… Elle est là… Pendue… pendue à son écharpe… Elle est morte… messieurs, elle est morte… c'est fini… fini.

CRÉON — Morte! Je monte…

TIRÉSIAS — Restez… le prêtre vous l'ordonne. C'est inhumain, je le sais; mais le cercle se ferme; nous devons nous taire et rester là.

CRÉON — Vous n'empêcherez pas un frère…

TIRÉSIAS — J'empêcherai ! Laissez la fable tranquille. Ne vous en mêlez pas.

ŒDIPE, *à la porte.* — Vous me l'avez tuée… elle était romanesque… faible… malade… vous m'avez poussé à dire que j'étais un assassin… Qui ai-je assassiné messieurs, je vous le demande ?… par maladresse, par simple maladresse… un vieillard… un vieillard sur la route… un inconnu.

TIRÉSIAS — Œdipe : Vous avez assassiné par maladresse l'époux de Jocaste, le roi Laïus.

ŒDIPE — Misérables !… Mes yeux s'ouvrent ! Votre complot continue… c'était pire encore que je ne le croyais… Vous avez insinué à ma pauvre Jocaste que j'étais l'assassin de Laïus… que j'avais tué le roi pour la rendre libre, pour devenir son époux.

TIRÉSIAS — Vous avez assassiné l'époux de Jocaste, Œdipe, le roi Laïus. Je le savais de longue date, et vous mentez : ni à vous, ni à elle, ni à Créon, ni à personne je ne l'ai dit. Voilà comment vous reconnaissez mon silence.

ŒDIPE — Laïus !… Alors voilà… le fils de Laïus et de la lingère ! Le fils de la sœur de lait de Jocaste et de Laïus.

TIRÉSIAS, *à Créon.* — Si vous voulez agir, ne tardez pas. Dépêchez-vous. La dureté même a des limites.

CRÉON — Œdipe, ma sœur est morte par votre faute. Je ne me taisais que pour préserver Jocaste. Il me semble inutile de prolonger outre mesure de fausses ténèbres, le dénouement d'un drame abject dont j'ai fini par découvrir l'intrigue.

ŒDIPE — L'intrigue ?…

CRÉON — Les secrets les plus secrets se livrent un jour à celui qui les cherche. L'homme intègre qui jure le

silence parle à sa femme, qui parle à une amie intime
et ainsi de suite. (*En coulisse.*) Entre, berger.

> *Paraît un vieux berger qui tremble.*

ŒDIPE — Quel est cet homme ?

CRÉON — L'homme qui t'a porté blessé et lié sur la montagne d'après les ordres de ta mère. Qu'il avoue.

LE BERGER — Parler m'aurait valu la mort. Princes, que
ne suis-je mort afin de ne pas vivre cette minute.

ŒDIPE — De qui suis-je le fils, bonhomme ? Frappe,
frappe vite.

LE BERGER — Hélas !

ŒDIPE — Je suis près d'une chose impossible à entendre.

LE BERGER — Et moi… d'une chose impossible à dire.

CRÉON — Il faut la dire. Je le veux.

LE BERGER — Tu es le fils de Jocaste, ta femme, et de
Laïus tué par toi au carrefour des trois routes. Inceste
et parricide, les dieux te pardonnent.

ŒDIPE — J'ai tué celui qu'il ne fallait pas. J'ai épousé
celle qu'il ne fallait pas. J'ai perpétué ce qu'il ne fallait pas. Lumière est faite…

> *Il sort.*
> *Créon chasse le berger.*

CRÉON — De quelle lingère, de quelle sœur de lait
parlait-il ?

TIRÉSIAS — Les femmes ne peuvent garder le silence.
Jocaste a dû mettre son crime sur le compte d'une de
ses servantes pour tâter le terrain.

> *Il lui tient le bras et écoute, la tête penchée.*
> *Rumeurs sinistres. La petite Antigone, les cheveux*
> *épars, apparaît, à la logette.*

ANTIGONE — Mon oncle! Tirésias! Montez vite, vite, c'est épouvantable! J'ai entendu crier dans la chambre; petite mère ne bouge plus, elle est tombée tout de son long et petit père se roule sur elle et il se donne des coups dans les yeux avec sa grosse broche en or. Il y a du sang partout. J'ai peur! J'ai trop peur, montez... montez vite...

Elle rentre.

CRÉON — Cette fois, personne ne m'empêchera...

TIRÉSIAS — Si! je vous empêcherai. Je vous le dis, Créon, un chef-d'œuvre d'horreur s'achève. Pas un mot, pas un geste, il serait malhonnête de poser une seule ombre de nous.

CRÉON — C'est de la pure folie!

TIRÉSIAS — C'est la pure sagesse... Vous devez admettre...

CRÉON — Impossible. Du reste, le pouvoir retombe entre mes mains.

Au moment où, s'étant dégagé, il s'élance, la porte s'ouvre. Œdipe aveugle apparaît. Antigone s'accroche à sa robe.

TIRÉSIAS — Halte!

CRÉON — Je deviens fou. Pourquoi, pourquoi a-t-il fait cela? Mieux valait la mort.

TIRÉSIAS — Son orgueil ne le trompe pas. Il a voulu être le plus heureux des hommes, maintenant il veut être le plus malheureux[1].

---

1. « La tragédie charrie tous les extrêmes de la condition d'homme », Aristote, *Poétique*, 1453 a.

ŒDIPE — Qu'on me chasse, qu'on m'achève, qu'on me lapide[1], qu'on abatte la bête immonde.

ANTIGONE — Père !

ŒDIPE — Laisse-moi… ne touche pas mes mains, ne m'approche pas.

TIRÉSIAS — Antigone !

Mon bâton d'augure. Offre-le-lui de ma part. Il lui portera chance.

> *Antigone embrasse la main de Tirésias et porte le bâton à Œdipe.*

ANTIGONE — Tirésias t'offre son bâton[2].

ŒDIPE — Il est là ?… J'accepte, Tirésias… J'accepte… Souvenez-vous, il y a dix-huit ans, j'ai vu dans vos yeux que je deviendrai aveugle et je n'ai pas su comprendre. J'y vois clair, Tirésias, mais je souffre… J'ai mal… La journée sera rude.

CRÉON — Il est impossible qu'on le laisse traverser la ville, ce serait un scandale épouvantable.

TIRÉSIAS, *bas.* — Une ville de peste ? Et puis, vous savez, ils voyaient le roi qu'Œdipe voulait être ; ils ne verront pas celui qu'il est.

CRÉON — Vous prétendez qu'il deviendra invisible parce qu'il est aveugle.

TIRÉSIAS — Presque.

---

1. Dans *Œdipe Roi* traduit par Cocteau, Œdipe s'écrie : « Je suis la nuit ! la nuit profonde. Je suis le roi devenu nuit. Je suis de la nuit en plein jour. Ô mon nuage d'obscurité sans bornes ! Des épingles, des souvenirs me trouent. »

2. On a vu Œdipe sur ses deux jambes, à quatre pattes et maintenant s'appuyant sur le bâton de Tirésias. Il prend ainsi les postures qui, selon l'énigme, font de lui un homme.

CRÉON — Eh bien, j'en ai assez de vos devinettes et de vos symboles. J'ai ma tête sur mes épaules, moi, et les pieds par terre. Je vais donner des ordres.

TIRÉSIAS — Votre police est bien faite, Créon ; mais où cet homme se trouve, elle n'aurait plus le moindre pouvoir.

CRÉON — Je...

Tirésias l'empoigne par le bras et lui met la main sur la bouche... Car Jocaste paraît dans la porte. Jocaste morte, blanche, belle, les yeux clos. Sa longue écharpe enroulée autour du cou.

ŒDIPE — Jocaste ! Toi ! Toi vivante !

JOCASTE — Non, Œdipe. Je suis morte. Tu me vois parce que tu es aveugle ; les autres ne peuvent plus me voir.

ŒDIPE — Tirésias est aveugle...

JOCASTE — Peut-être me voit-il un peu... mais il m'aime, il ne dira rien...

ŒDIPE — Femme ! ne me touche pas...

JOCASTE — Ta femme est morte pendue, Œdipe. Je suis ta mère. C'est ta mère qui vient à ton aide... Comment ferais-tu rien que pour descendre seul cet escalier, mon pauvre petit ?

ŒDIPE — Ma mère !

JOCASTE — Oui, mon enfant, mon petit enfant... Les choses qui paraissent abominables aux humains, si tu savais, de l'endroit où j'habite, si tu savais comme elles ont peu d'importance.

ŒDIPE — Je suis encore sur la terre.

JOCASTE — À peine...

CRÉON — Il parle avec des fantômes, il a le délire, la fièvre, je n'autoriserai pas cette petite...

TIRÉSIAS — Ils sont sous bonne garde.

CRÉON — Antigone! Antigone! je t'appelle…

ANTIGONE — Je ne veux pas rester chez mon oncle! Je ne veux pas, je ne veux pas rester à la maison. Petit père, petit père, ne me quitte pas! Je te conduirai, je te dirigerai…

CRÉON — Nature ingrate.

ŒDIPE — Impossible, Antigone. Tu dois être sage… je ne peux pas t'emmener.

ANTIGONE — Si! Si!

ŒDIPE — Tu abandonnerais Ismène?

ANTIGONE — Elle doit rester auprès d'Étéocle et de Polynice. Emmène-moi, je t'en supplie! Je t'en supplie! Ne me laisse pas seule! Ne me laisse pas chez mon oncle! Ne me laisse pas à la maison!

JOCASTE — La petite est si fière. Elle s'imagine être ton guide. Il faut le lui laisser croire. Emmène-la. Je me charge de tout.

ŒDIPE — Oh!…

Il porte la main à sa tête.

JOCASTE — Tu as mal?

ŒDIPE — Oui, dans la tête et dans la nuque et dans les bras… C'est atroce.

JOCASTE — Je te panserai à la fontaine.

ŒDIPE, *abandonné.* — Mère…

JOCASTE — Crois-tu! cette méchante écharpe et cette affreuse broche! L'avais-je assez prédit.

CRÉON — C'est im-pos-si-ble. Je ne laisserai pas un fou sortir en liberté avec Antigone. J'ai le devoir…

TIRÉSIAS — Le devoir! Ils ne t'appartiennent plus; ils ne relèvent plus de ta puissance.

CRÉON — Et à qui appartiendraient-ils?

TIRÉSIAS — Au peuple, aux poètes, aux cœurs purs.

JOCASTE — En route ! Empoigne ma robe solidement…
n'aie pas peur…

Ils se mettent en route.

ANTIGONE — Viens, petit père… partons vite…
ŒDIPE — Où commencent les marches ?
JOCASTE et ANTIGONE — Il y a encore toute la plate-
forme…

*Ils disparaissent… On entend Jocaste et Antigone
parler exactement ensemble.*

JOCASTE et ANTIGONE — Attention… compte les
marches… Un, deux, trois, quatre, cinq…
CRÉON — Et en admettant qu'ils sortent de la ville, qui
s'en chargera, qui les recueillera ?…
TIRÉSIAS — La gloire.
CRÉON — Dites plutôt le déshonneur, la honte…
TIRÉSIAS — Qui sait ?

RIDEAU

Saint-Mandrier 1932[1]

---

1. Cocteau passe l'été 1932 à Saint-Mandrier, près de Toulon.
C'est là qu'il écrit *La Machine infernale*. Il lit au fur et à mesure
ses actes à ses amis Édouard et Denise Bourdet, dans leur Villa
Blanche, à Tamaris, que Bérard décore de fresques.

DOSSIER

À propos de Bérard

La rencontre entre le grand animateur de théâtre Louis Jouvet (1887-1951) et Christian Bérard (1902-1949) est l'un des événements décisifs qui accompagnent la création de *La Machine infernale*. L'estime mutuelle croît rapidement entre les deux artistes. Ils vont désormais collaborer et réaliser quelques-uns des meilleurs spectacles de l'époque : *L'École des femmes* (1936), *L'Illusion comique* (1937), *La Folle de Chaillot* (1945), *Les Bonnes* (1947). Bérard meurt, au théâtre Marigny, pendant la plantation du décor des *Fourberies de Scapin*, le 1er février 1949. Dans le programme de *La Machine infernale*, Jouvet rend hommage à son décorateur.

> Avec sa barbe moussue et limoneuse comme le dieu du Rhône, quand je le regarde de la salle évoluer sur la scène, suivant les éclairages où il passe, il ressemble à Néron, à Catulle, à Mounet-Sully, à une tête de Phidias ou à un clochard. C'est le dieu Protée lui-même, le vrai Protée marin.
>
> Ce qui caractérise sa science théâtrale, c'est son mimétisme. Ce qui caractérise son talent, c'est sa puissance dramatique, le sens qu'il a du spectacle et du geste de théâtre.

Il est par surcroît paresseux, mais il adore travailler. Il travaille avec un mélange de peine et de délice qui est vraiment enivrant. Il est à la taille de n'importe quel auteur dramatique.

J'ai pris plaisir à travailler avec lui, à l'admirer, et j'ai plaisir à l'aimer. C'est lui qui nous débarrassera du vestibule factotum et des décors malotrus d'une douteuse architecture dans lesquels on joue les pièces de Racine. Je monterais sans peur avec lui les « Maximes » de La Rochefoucauld.

Il y a en lui un sens de la pauvreté où transparaissent noblesse et dignité et, comme saint François, il sait allier le sordide et le magnifique.

Il a au plus haut degré, d'une façon significative, l'art d'arriver en retard devant un décor planté, l'art de méditer devant ce décor, de disputer sur les suggestions, de ne pas entendre celles qui font écueil à ses sentiments, de batifoler entre les fauteuils en y perdant son chapeau, son pardessus, son mouchoir et tous ses accessoires vestimentaires, et de disparaître tout à coup comme un pur esprit entre deux voyages sur scène, sans avoir donné un coup de pinceau de la journée.

Je l'ai vu pendant trois mois, quotidiennement. Je l'ai vu d'abord produire avec une prolixité inquiétante les esquisses les plus diverses ; je l'ai vu se barbouiller d'encre les doigts en faisant sur n'importe quel papier les dessins les plus précis dans leur imprécision ; je l'ai vu, armé de fusain, dessiner sur des châssis de scène, ambidextre comme Léonard de Vinci, avec une sûreté de traits extraordinaire, et essuyer ensuite complaisamment son visage inspiré de ses mains noires. J'ai vu ce charbonnier se transformer en peintre et, les culottes pleines de couleur, ressembler à un arc-en-ciel qui déambule.

Tout ce qu'il dit, tout ce qu'il fait, tout ce qu'il pense, a je ne sais quoi de soluble qui crée une harmonie et une poésie où la tendresse seule n'a peut-être pas atteint encore toute sa plénitude.

J'admire Christian Bérard et je l'aime pour sa présence proche de Vitruve, de Inigo Jones, de Laurent, de Mahelot, de Serlio, de Bibiéna et de Gordon Craig.

Dessin de Cocteau pour l'édition originale

À propos d'Œdipe

Dans un poème de son recueil *Opéra* (1927), Cocteau fait soudain surgir la figure d'Œdipe.

Le Théâtre grec

Décrire ce piège serait malaisé. D'abord, qui l'a vu? Personne. Selon nous (et certains indices le prouvent) un assemblage de pièces vivantes nécessitant une discipline ou une complicité de plusieurs siècles, le piège était plutôt une seule chose plate pliée avec un sens magistral de l'espace.

À cet angle solitaire de la rue, afin de pouvoir se mettre autour du malheureux et obtenir la profondeur, il est probable qu'il joua du phénomène grâce auquel les pieds d'un noctambule marchant sur le trottoir de gauche s'entendent sur le trottoir de droite, et employa, comme la double photographie du stéréoscope, ces deux trottoirs parallèles, d'aspect inoffensif. Toujours est-il qu'en un clin d'œil l'homme fut happé, entraîné, déshabillé, scalpé, châtré, écorché vif, aveugle et recouvert d'un costume d'Œdipe, au milieu d'innombrables

rires, dominés par une voix fraîche criant : *C'est
bien fait !*

Cocteau enfant a vu le monstre sacré Mounet-Sully
(1841-1916) jouer le rôle d'Œdipe. Il en est resté à tout
jamais marqué. Il l'évoque dans un portrait.

À l'époque, soyons justes, la mise en scène était
décevante. Des jeunes filles lançaient des roses
et jouaient de la harpe : c'était la peste à Thèbes.
Mais, soudain, un bras sortait d'une colonne, ce
bras entraînait un profil pareil à la houlette du berger grec, pareil au casque de Minerve, pareil au
cheval de l'angle du fronton de l'Acropole. Ce profil se dressait sur l'étonnante cuirasse d'une poitrine pleine de rugissements mélodieux, cuirasse
que notre héros partageait avec son frère Paul et
qui symbolisait la victoire.

Et la cuirasse de cette poitrine, et ce bras et
cette épaule, et ce profil, dominaient le décor. Ils
balayaient les harpes et les roses, et dès le premier
geste, geste célèbre qui semblait quelque pied de
nez sublime, c'étaient la peste, la ville morte, la
soif, la catastrophe, le désastre, le soleil noir des
tragédies. Et ce geste dont je vous parle, ce geste
d'un homme qui grimace au soleil et qui se protège
les yeux avec la main droite, c'était le geste du roi
qui cherche à deviner de loin, de loin, de très loin,
la toute petite figure de la fatalité en marche et qui
se hâte pour être exacte au rendez-vous.

Le Foyer des artistes,
Plon, 1947, p. 185.

Dans sa version d'*Œdipe Roi* (1925), Cocteau introduit déjà un prologue explicatif assez proche de celui de *La Machine infernale*.

Spectateurs !

On se représente toujours la Grèce comme une colonne blanche. Imaginez maintenant un lieu brûlé, aride, sous un ciel farouche. Des murs de pierre, des murs de brique, des grilles, des égouts, des chambres basses, des portes secrètes, des métamorphoses, la peste.

Là s'entre-dévorent de grandes familles en costumes de romanichels et dont les mœurs ressemblent beaucoup à celles d'insectes souterrains.

Emplacement idéal pour les dieux qui aiment bâtir et poser des pièges.

Les dieux grecs ont la cruauté de l'enfance et leurs jeux coûtent cher aux mortels. Sans le savoir, Œdipe est aux prises avec les forces qui nous surveillent de l'autre côté de la mort.

Je vois une route. Un jeune homme marche avec un bâton. Il approche de Thèbes. Soudain, il s'arrête. Il y a là quelque chose qui bouge, quelque chose de petit, de suspect ; quelque chose qui fait battre et qui lève le cœur : c'est le Sphinx. Une espèce d'oiseau-femme, de femme-chienne, de chienne-oiseau, de chienne qui chante, d'oiseau méchant qui pose des devinettes. Si on ne devine pas ses devinettes, il vous tue. Et le petit Sphinx bloque la ville de Thèbes. Il y met la famine et le deuil.

Œdipe a deviné l'énigme. Le Sphinx est mort. Ce Sphinx n'inspire aucune confiance. Je lui trouve l'air d'un gibier placé là par les dieux comme les chasseurs de lion en disposent devant leurs pièges.

Deviner l'énigme ! Exterminer le Sphinx ! Il y a de quoi tourner la tête d'un jeune lion et lui cacher la trappe. Œdipe est beau. Il entre à Thèbes. On l'acclame. On le porte en triomphe. Même il épouse la reine Jocaste, veuve de Laïus. Il est roi.

Les années passent. Il a deux fils : Étéocle et Polynice. Deux filles : Antigone et Ismène. La peste éclate.

Mais quel est cet ange noir qui accompagne Œdipe, qui lui bande et lui débande les yeux ?

Ce n'est pas une pièce de théâtre que vous allez voir. C'est un supplice, une cause célèbre, un procès.

Un homme au comble de la chance, découvre en un jour qu'il était joué par les dieux sans cœur.

Théâtre, vol. I,
Grasset, p. 303-304, 1957.
© Librairie Plon 1928.

Voici un passage, en français, dit par le Chœur dans *Œdipus Rex* (1927).

   Épilogue : « Le roi est pris. Il veut se montrer à tous, montrer la bête immonde, l'inceste, le parricide, le fou. On le chasse. On le chasse avec une extrême douceur.

   Adieu, adieu, pauvre Œdipe ! Adieu, Œdipe ; on t'aimait. »

Faut-il voir un adieu dans la scène de la rencontre d'Œdipe à la fin du film *Le Testament d'Orphée* (1960)?

361 *Plan rapproché du poète qui avance* le long d'un mur à pic sur le Val d'Enfer. *Il a des yeux peints sur les paupières. Pano-travelling vers la droite l'accompagnant. Au fond : rocaille, maigre végétation méditerranéenne. On recadre* le Sphinx au tronc féminin qui agite lentement ses longues ailes de plumes blanches et glisse le long du mur. Le poète le dépasse sans que ses yeux artificiels puissent le voir. *On décadre le Sphinx par la gauche. Le poète se guide d'une main sur le mur.*

362 *Autre plan du Sphinx, comme au plan* **361***, mais il est maintenant seul dans l'image. Il glisse derrière le mur. On le suit en travelling latéral vers la droite. Musique du bol de cristal, toujours, qui s'estompe.*

363 *Plan de demi-ensemble large.* Œdipe aveugle, appuyé sur Antigone, *un bâton à la main*, sort d'une des portes de Thèbes. Musique. *Ils avancent lentement vers la droite,* parcourant leur voie douloureuse dans l'éternel présent.

364 *Plan de demi-ensemble. Le poète avance sur la route. Il vient vers nous.*

365 *Plan rapproché du visage douloureux d'Œdipe; Antigone à gauche, en amorce. Il tient très haut un long bâton sur lequel il s'appuie pour marcher. Chaque pas lui est une torture.* Il chuchote des paroles incompréhensibles. *Travelling arrière le précédant. Ses yeux crevés peints sur les paupières. Le devant de sa toge est taché de sang.*

Il fait ainsi quelques pas, péniblement.

366 *Plan rapproché du poète, les yeux peints sur les paupières, de trois quarts gauche. Travelling arrière le précédant.*

COMMENTAIRE. Le Sphinx, Œdipe… Ceux qu'on a trop voulu connaître, il est possible qu'on les rencontre un jour sans les voir.

367 *Plan américain d'Œdipe et Antigone, de face, à gauche ; de dos, à droite,* le poète s'éloigne sans les avoir vus. (32)

Antigone regarde Œdipe. Au fond, le poète a disparu. Pano-travelling arrière pour précéder Œdipe et Antigone.

368 *Plan de demi-ensemble. Œdipe et Antigone s'éloignent, de dos pour nous, passent devant un immense olivier. La campagne rocailleuse.*

Le Testament d'Orphée (p. 96) © Éditions du Rocher, « L'Avant-Scène Cinéma », 1983.

Découpage intégral après montage rédigé par Dominique Haas.

Colette à propos de *La Machine infernale*
à la Comédie des Champs-Élysées

15 avril 1934.

Bénéficiant d'un privilège unique, Jean Cocteau a gardé ce que nous avons tous perdu : la fantasmagorie intime. Il ne connaît ni domaines interdits, ni routes brouillées, ni seuils effacés. L'ourlet de feu qui cernait, comme un nuage prometteur de foudre, les prodiges familiers du jeune âge, ne s'est pas encore éteint pour Jean Cocteau. Il sait sereinement que l'enfer est d'un certain violet, que passer de la vie terrestre à la mort, c'est peser mollement sur le tain en fusion d'un miroir indicible ; qu'il suffit, pour voler, d'étendre les mains, de soulever légèrement les talons et de se confier à l'air…

De telles certitudes le débarrassent souvent de son intelligence aiguë, qui est d'une rapidité magique, propre à déconcerter lecteurs, auditeurs, et le replacent en plein songe, en plein essor immobile. J'aurais plus tôt fait de dire tout uniment que Cocteau est un poète. Couronner n'est pas expliquer. Non que je suffise à expliquer Jean Cocteau, ni que je veuille même l'entreprendre ! Je me contente de le regarder, et de l'envier comme s'il avait conservé les branchies que l'être humain, encore amphibie, porte à sa naissance, et qui s'oblitèrent dès que le nouveau-né a bu sa première gorgée d'air. Les hardiesses de Jean Cocteau datent d'avant la vie terrestre. Il n'invente pas, mais se souvient. Sa facilité à passer à travers les murailles, à marcher la tête en bas, à percer un miroir d'eau comme on crève un cerceau de papier représente des régressions, des licences d'amphibie ou d'homme volant.

Je n'en suis pas à m'en étonner. Je m'étonne seulement que Cocteau ait, en tant qu'homme de théâtre, des détracteurs aigres et actifs, de qui le principal grief est à peu près : « Qu'est-ce qu'il va encore inventer pour nous épater ? » Grief gratuit… Où va ce novateur ? Au passé. Au fabuleux mythologique, au classique merveilleux. Il s'élance, à rebours. Il retourne vers Orphée, vers le Sphinx, vers ce qui est connu, vers ce qu'il a peut-être connu. L'homme-qui-n'aime-pas-Cocteau ne s'aperçoit pas que sa bête noire appartient à la grande tradition, à cela près qu'il fréquente, sur un même pied d'égalité, morts et vivants, fantômes et dieux. Par là seulement, il s'écarte du théâtre classique français, qui est un théâtre réaliste. L'outrance des situations n'autorise pas Corneille ni Racine à un autre arbitraire que celui de la forme versifiée, et chez eux le spectre, fût-il inoffensif, n'est point convié.

Le théâtre français fait peu de cas du surnaturel, encore moins d'un mélange de réel et d'irréel dont se délecte le théâtre anglais. Shakespeare, Shaw… pour ne citer que ces deux-là, on sait comment ils mènent le réel jusqu'à l'irréel, par la passerelle de l'humour. Il est impossible de ne les point nommer, quand il s'agit de Cocteau. À cette différence près que l'humour anglais caricature gravement, dans les conjonctures où Cocteau préfère jouer avec la réalité, la vérité, les capter subtilement au lieu de s'écarter d'elles. Entre ses mains, le réel, cinématographiquement visité sous les angles les plus divers, fond et refond sa géométrie, se déforme et nous enivre.

Un jeu aussi savant le détourne d'un sujet neuf. À quoi bon édifier une intrigue, la conduire voilée jusqu'à l'éclat du dénouement ? Cocteau s'en prend — ce n'est pas la première fois — à un sujet connu de tous, qu'il traite avec une irrévérence apparente. Ainsi fait-il de l'histoire d'Œdipe, à laquelle il n'ajoute que la tendre propension du Sphinx pour son vainqueur, car, dans *La Machine infernale*, le monstre aux seins de femme souffle lui-même, au beau jeune homme, le mot de l'énigme. Imaginer aussi que Jocaste, après son suicide, devient visible pour les seuls yeux crevés de son fils-époux, et que désormais maternelle elle le guide à l'insu d'Antigone, ce n'est presque pas de l'invention, mais une sorte de pieuse logique.

L'inconnaissable de Jean Cocteau n'est au fond que le monde connu, écouté, contemplé, élargi par des sens fins et tendus, et le personnage de Jocaste morte, toute pareille à la Jocaste vivante, allégée seulement de la vie, un peu plus chargée de l'amour échappé à la morale humaine, est une floraison poétique et dramatique qui comble notre attente.

Je m'attache au mot « floraison ». Une floraison, c'est la récompense d'un effort végétal ou cérébral, et l'heureuse unanimité de l'effort est partout flagrante à la Comédie des Champs-Élysées.

Pour soutenir un deuxième acte — songe d'un crépuscule thébain — et mettre en valeur un texte dont certaines pages seront demain fameuses : « Je dévide, je déroule, je tresse, je vanne… », une collaboration parfaite rassemble, autour d'Œdipe et du Sphinx, maint prodige : dieux à tête de chacal, ailes de lumière, foudre, changeantes et significatives couleurs du ciel… Mais, s'il me faut choisir, à la volubilité du Sphinx ravissant, à sa riche incantation, je préférerai encore un troisième acte duquel on dit déjà, en risquant de le diminuer, qu'il est « audacieux », l'acte de la nuit de noces, dialogue entre Jocaste et son fils incestueux. Non, il n'est pas audacieux. Chaste, terrible, interrompu par des chocs meurtriers d'ombres, de songes, d'apparitions, étouffé de peur, ce duo nuptial comptera parmi les scènes qui honorent l'art dramatique français. Un cruel, un exemplaire décor meublé par Jean-Michel Franck — blanc de craie sur fond rouge, écrasé de lumière, un lit ingrat et sec offense le regard, repousse toute idée de plaisir et de repos — le sert admirablement.

La place m'étant mesurée, il me faut la ménager, si je veux parler de l'interprétation avec la considération qu'elle mérite. Ce n'est d'ailleurs pas quitter Cocteau que louer ses collaborateurs. D'eux-mêmes, ceux-ci mettraient au premier rang Marthe Régnier, qui joue Jocaste. On m'a dit qu'aux répétitions elle tremblait un peu, d'appréhension. Elle avait raison. C'est l'honneur d'une artiste de race que de craindre, de douter, d'être humble en secret. La récompense est plus belle, après. Peut-être Marthe Régnier n'a-t-elle pas su, le premier soir, ce qu'elle venait de faire pour la pièce et pour sa propre carrière. Elle n'a peut-être pas compris tout de suite que ce qu'elle venait de nous donner exigeait ensemble la maturité du cœur, la dignité, l'authenticité d'une longue suite de succès, la bravoure des vrais comédiens qui sont toujours prêts à mourir en scène, une désinvolture séductrice qui mesure ses ressources et son crédit auprès du public, la fraîcheur d'un rire charmant, l'art des nuances, une science qui se cache — je n'oublie pas non plus ces beaux bras, ouverts pour un amant, refermés en berceau... Non, je ne crois pas que Marthe Régnier ait compris, mardi dernier, que cette soirée était sans doute sa plus belle soirée...

Elle n'avait pourtant, pour en être sûre, qu'à regarder combien, à ses côtés, Jean-Pierre Aumont grandissait. C'est auprès d'elle qu'il a manifesté le meilleur de son talent : le compliment n'est pas petit, car Aumont, déjà célèbre au cinéma, n'a pas encore eu le temps de donner au théâtre tout ce que le théâtre lui demande. Il est chaleureux, convaincu, il sera longtemps jeune, — c'est affaire de foi et de tempérament, et non d'âge, — il aime son art sans emphase. Sa grande jeunesse le gêne un peu, alors qu'entre le troisième et le quatrième acte il lui faut vieillir de dix-sept ans. Son succès a été sans ombre. D'ailleurs, quelle troupe enchanteresse ! Pierre Renoir, en devin Tirésias, haut, sombre, lourd de science et de secrets majestueux dans la fureur, est-il meilleur que Le Vigan ? Je ne sais. Le Vigan excelle à tout. Sa mobilité, son animalité divine — il joue l'Anubis à tête de chacal — sont sans pareilles. Et comme il gronde bien ! Romain Bouquet accepte un rôle de cinq minutes, un rôle d'adjudant thébain. Louis Jouvet incarne un vieux berger, révèle à Œdipe ses origines et ses hontes, et disparaît. Jeanne Lory prête à une matrone sa simplicité paysanne... Yves Forget, Moor, Moreau, Andrée Servilanges, tous brûlent de dévouement et d'intelligence ; Marcel Khill, messager de Corinthe, est beau comme un petit fauve...

Je veux nommer en dernier Lucienne Bogaert, Sphinx et jeune fille, de qui la voix jette des charmes quand elle est aux prises avec une difficile déclamation chantée, et dont le jeu sait se charger, comme il convient, d'arrière-pensée.

Les décors sont dus à Christian Bérard, décorateur-né. Assez succincts pour qu'un changement d'éclairage suffise, à les empreindre de maléfice ou à les pacifier, ils ne cessent à aucun moment de participer au drame, en fournissant leur contribution de violet orageux, de vert malveillant, et d'un certain blanc funeste, soleil familier des cauchemars.

Extrait de *La Jumelle noire*.
© Reproduit avec l'aimable autorisation
de la Librairie Arthème Fayard.

Dessin de Cocteau pour l'édition originale

Repères biographiques

1889. – *5 juillet :* naissance de Jean Cocteau à Maisons-Laffitte.

1899. – Georges Cocteau, père de Jean, se suicide d'une balle dans la tête.

Mme Cocteau habite rue La Bruyère avec ses trois enfants : Paul, Marthe et Jean. Les grands-parents Lecomte sont à l'étage supérieur.

1906. – *Avril :* mort du grand-père Lecomte.

1907. – Mme Cocteau et ses enfants emménagent 62, avenue de Malakoff. Elle y vivra très vite seule avec Jean.

Études médiocres, échoue deux fois au baccalauréat.

1908. – Le comédien Édouard de Max organise une matinée poétique consacrée à Jean Cocteau.

Le jeune dandy fréquente Catulle Mendès, Lucien Daudet, Marcel Proust, Reynaldo Hahn, les Rostand.

1909. – Publie à compte d'auteur son premier recueil de poèmes, *La Lampe d'Aladin.*

Mai : triomphe des Ballets russes de Serge Diaghilev.

1910. – Mme Cocteau et Jean s'installent au 10 de la rue d'Anjou.

1911. – Rencontre de Stravinski.

Affiches pour *Le Spectre de la Rose.*

1912. – Publie un recueil de poèmes : *La Danse de Sophocle*.

Nijinski crée « le Dieu bleu », ballet écrit par Cocteau en collaboration avec Reynaldo Hahn.

Mars-avril : voyage en Algérie avec Lucien Daudet.

1913. – *29 mai :* première du *Sacre du Printemps* de Stravinski.

Écrit *Le Potomak*.

1914. – Réformé. Ambulancier civil à Reims.

Fait la connaissance de l'aviateur Roland Garros.

Fonde avec Paul Iribe la revue *Le Mot*.

1915. – À Nieuport, auprès des fusiliers marins, il écrit *Le Discours du grand sommeil*.

1916. – Fréquente Montmartre et Montparnasse, fait la connaissance de Picasso, Modigliani, Apollinaire, Max Jacob, Reverdy, Cendrars, Braque, Derain, Paul Morand.

1917. – *Mars :* séjour à Rome en compagnie de Diaghilev, Massine, Stravinski et Picasso pour mettre au point le spectacle de *Parade*.

Erik Satie, resté à Paris, en écrit la musique.

18 mai : première de *Parade* par les Ballets russes, au théâtre du Châtelet.

1918. – *15 janvier :* première manifestation du « Groupe des Six ».

Fonde avec Blaise Cendrars les Éditions de la Sirène où il publie *Le Coq et l'Arlequin* qui le brouille avec Stravinski.

Octobre : mort de Roland Garros.

1919. – Rencontre de Raymond Radiguet.

Publie *Le Cap de Bonne-Espérance, L'Ode à Picasso, Le Potomak 1913-1914*.

1920. – *21 février :* première représentation par les Fratellini du *Bœuf sur le toit* au théâtre des Champs-Élysées.

Mai : fonde la revue *Le Coq* avec Radiguet.

Brouille avec les dadaïstes.

1921. – Écrit les poèmes qui formeront *Vocabulaire.*

18 juin : première représentation des *Mariés de la tour Eiffel* par les Ballets suédois, musique d'Auric, Poulenc, Milhaud, Honegger et Tailleferre.

1922. – *10 janvier :* ouverture du bar « Le Bœuf sur le toit » qu'anime Cocteau.

20 décembre : première d'*Antigone* au Théâtre de l'Atelier.

1923. – *3 mai :* conférence au Collège de France : « D'un ordre considéré comme une anarchie. »

Radiguet publie *Le Diable au corps*, Cocteau *Le Grand Écart, Plain-Chant* et *Thomas l'Imposteur.*

12 décembre : mort de Raymond Radiguet.

1924. – Cocteau est à Monte-Carlo, invité par Diaghilev. Il fume l'opium avec le critique musical Louis Laloy.

Juin : joue le rôle de Mercutio dans son adaptation de *Roméo et Juliette.*

Les Ballets russes créent *Le Train bleu.*

Rencontre Jacques Maritain qui le tire vers Dieu.

Il écrit une préface au *Bal du comte d'Orgel* et publie *Les Mariés de la tour Eiffel, Picasso, Poésies* (*1916-1923*).

1925. – Première cure de désintoxication aux Thermes urbains (mars-avril), premiers poèmes d'*Opéra.*

Publie *L'Ange Heurtebise, Cri écrit, Les Mystères de Jean l'Oiseleur* et *Prière mutilée.*

1926. – *17 juin :* création d'*Orphée* par les Pitoëff au Théâtre des Arts. Marcel Herrand tient le rôle de l'Ange Heurtebise qui sera joué par Cocteau à la reprise.

1927. – *30 mai :* création d'*Œdipus Rex* dirigé par Stravinski au Théâtre Sarah-Bernhardt.

Publie *Orphée* et *Opéra*.

Représentation à l'Opéra-Comique du *Pauvre Matelot* sur une musique de Darius Milhaud.

27 décembre : création de l'opéra *Antigone* au Théâtre de la Monnaie, à Bruxelles, musique de Honegger.

Été avec Jean Desbordes sur la Côte d'Azur.

1928. – *16 décembre :* entre à la clinique de Saint-Cloud pour une nouvelle désintoxication ; écrit et dessine *Opium*.

1929. – Toujours à la clinique, écrit en dix-sept jours *Les Enfants terribles*.

Enregistre des poèmes d'*Opéra* pour les disques Columbia.

19 août : mort de Diaghilev à Venise.

1930. – *17 février :* Berthe Bovy crée *La Voix humaine* à la Comédie-Française. Premier décor de Bérard.

Avril-septembre : tournage du *Sang d'un poète*.

1931. – Été à Toulon avec Desbordes et Bérard.

Cocteau, atteint d'une typhoïde, est soigné par les Bourdet.

Il s'installe à Paris, 9 rue Vignon.

1932. – *20 janvier :* première projection du *Sang d'un poète*.

Liaison avec Natalie Paley.

À Saint-Mandrier, écrit *La Machine infernale*.

1933. – Rencontre de Marcel Khill.

Publie *Le Fantôme de Marseille*.

Décembre : nouvelle cure de désintoxication.

Séparation d'avec Jean Desbordes.

1934. – *10 avril :* première de *La Machine infernale* à la Comédie des Champs-Élysées.

Publication de *Mythologie* avec dix lithographies de Chirico.

Séjour chez les Markévitch, en Suisse.

1935. – *Janvier-mai :* ses *Portraits-Souvenir* paraissent dans le *Figaro*.

Publie soixante dessins pour *Les Enfants terribles*.

1936. – Arletty joue *L'École des veuves* à l'A.B.C.

28 mars-17 juin : à la suite d'un pari, fait avec Marcel Khill « le tour du monde en quatre-vingts jours », *Paris Soir* publie son reportage.

Rencontre de Charlie Chaplin.

1937. – *Juin :* monte *Œdipe Roi* au théâtre Antoine avec Jean Marais.

Rencontre le boxeur Al Brown, qu'il décide de faire remonter sur le ring.

14 octobre : *Les Chevaliers de la Table ronde* sont créés au théâtre de l'Œuvre. Jean Marais joue le rôle de Galaad.

1938. – Écrit *Les Parents terribles* dans un hôtel à Montargis.

4 mars : Al Brown reprend son titre de champion du monde des poids coqs.

14 novembre : création des *Parents terribles* au théâtre des Ambassadeurs. La pièce est interdite le 23 décembre par le conseil municipal de Paris.

1939. – *4 janvier :* *Les Parents terribles* sont repris au théâtre des Bouffes Parisiens.

1940. – S'installe au 36, rue de Montpensier, au Palais-Royal.

17 février : première des *Monstres sacrés* au Théâtre Michel.

Édith Piaf crée *Le Bel Indifférent* au théâtre des Bouffes Parisiens.

Mort de Marcel Khill.

Publie *La Fin du Potomak*.

Cure de désintoxication.

1941. – *29 avril :* première de *La Machine à écrire* au Théâtre des Arts ; la pièce est violemment attaquée.

Publie dans la revue *Comœdia* une série d'articles qui seront repris sous le titre *Le Foyer des artistes* ainsi que *Allégories* et *Dessins en marge des Chevaliers de la Table ronde*.

1942. – *23 mai :* publie *Salut à Breker*.
Écrit les dialogues du *Baron Fantôme*, film de Serge de Poligny et ceux de *Juliette ou la Clef des songes* pour Marcel Carné.

1943. – *20 janvier :* mort de sa mère, Eugénie Cocteau. « Ma mère est morte… maintenant Maman habite avec moi ».
28 avril : création de *Renaud et Armide* à la Comédie-Française.
Tournage avec Jean Delannoy de *L'Éternel Retour*.
Témoigne en justice en faveur de Jean Genet.

1944. – *Février :* tente en vain d'obtenir la libération de Max Jacob du camp de Drancy.
5-6 juillet : arrestation et mort de Jean Desbordes.
Immense succès de *L'Éternel Retour*.

1945. – Publication de *Léone* et *Portrait de Mounet Sully*.
27 août : début du tournage de *La Belle et la Bête*.
Dialogues pour *Les Dames du bois de Boulogne*, film de Robert Bresson.

1946. – *25 juin :* création du ballet *Le Jeune Homme et la mort* au Théâtre des Champs-Élysées.
22 décembre : création de *L'Aigle à deux têtes* au théâtre Hébertot.
La Belle et la Bête reçoit le prix Louis-Delluc.

1947. – Achète une maison à Milly-la-Forêt.
Juillet : fait la connaissance d'Édouard Dermit qui deviendra son fils adoptif.
Publie *Le Foyer des artistes* et *La Difficulté d'être*.

1948. – Réalise les cartons de la tapisserie *Judith et Holopherne* pour Aubusson.

Novembre : sortie du film *Les Parents terribles*.
Fin décembre : séjour à New York.

1949. – *1ᵉʳ février :* mort de Christian Bérard.
6 mars-24 mai : tournée théâtrale au Proche-Orient.
Pendant le voyage, écrit *Maalesh*.
17 octobre : création au Théâtre Édouard-VII d'*Un tramway nommé désir*, de Tennessee Williams, dans une adaptation de Cocteau.
Tournage du film *Orphée*.

1950. – *14 juin :* création du ballet *Phèdre* à l'Opéra, musique de Georges Auric.
Cocteau décore la villa Santo Sospir pour Francine Weisweiler à Saint-Jean-Cap-Ferrat.
Orphée obtient le prix international de la critique au festival de Venise.

1951. – Entretiens radiophoniques avec André Fraigneau.
Commence la rédaction d'un journal intime, *Le Passé défini*.
20 décembre : création de *Bacchus* au Théâtre Marigny.

1952. – *Janvier-mars :* première grande exposition de peintures et dessins à Munich.
14 mai : Stravinski dirige *Œdipus Rex* au Théâtre des Champs-Élysées.
Juin : croisière en Grèce.
Publie *Le Chiffre sept, Gide vivant, Journal d'un inconnu*.

1953. – *9 mai :* création à Munich du ballet *La Dame à la licorne*.
Préside le jury du festival de Cannes.

1954. – Voyage en Espagne. Il assiste à une corrida aux arènes de Séville le 1ᵉʳ mai.
10 juin : infarctus du myocarde, à Paris.

Publication de *Clair-Obscur* et *Poésies 1946-1947*.

1955. – *Mars* : élu à l'Académie française.

1956. – *Printemps :* entreprend la décoration murale de la chapelle Saint-Pierre, à Villefranche-sur-Mer. Publication de *Poèmes 1916-1955*.

Mars : reprise de *La Machine à écrire* à Bruxelles puis à la Comédie-Française.

1957. – *Été :* décoration de la salle des mariages à Menton.

Jacques Demy tourne *Le Bel Indifférent*.

1958. – *13 janvier :* mort de sa sœur Marthe.

Exposition de poteries.

À Vienne : interprète le rôle du chœur dans *Œdipus Rex* sous la direction d'Herbert von Karajan.

Publication de *Paraprosodies*.

1959. – *28 janvier :* création à l'Opéra de Paris du ballet *La Dame à la licorne*.

Mise en scène de l'opéra de Francis Poulenc *La Voix humaine* à l'Opéra-Comique.

Décoration de la chapelle Saint-Blaise-des-Simples à Milly-la-Forêt.

Septembre : début du tournage du *Testament d'Orphée* aux Baux-de-Provence.

4 novembre : Stravinski dirige *Œdipus Rex* à Londres, Cocteau tient le rôle du chœur.

Parution de *Poésie critique I*.

1960. – *10 février :* sortie du film *Le Testament d'Orphée*. Publication de *Poésie critique II* et du *Nouveau théâtre de poche*.

1961. – Mort de son frère Paul.

Publication du *Cérémonial espagnol du Phénix*, suivi de *La Partie d'échecs*.

1962. – Création à Tokyo, par la Comédie-Française, de *L'Impromptu du Palais-Royal*.

Grande exposition à Tokyo.

25 août : enregistre un « Message pour l'an 2000 ».
Septembre : décors et costumes pour *Pelléas et Méli-sande* au festival de Metz.
Publication du *Cordon ombilical* et du *Requiem.*
1963. – *14-20 avril :* filmé à Milly pour l'émission de télévision « Portrait-Souvenir » de Roger Stéphane.
22 avril : attaque cardiaque à Paris.
Juillet : retour à Milly, qu'il ne quittera plus.
11 octobre : mort de Jean Cocteau.

Bibliographie

Édition originale : *La Machine infernale*, Paris, Grasset, 1934.

Cette édition comporte une suite de seize dessins intitulée « le complexe d'Œdipe ». Ces images datent de 1924. « Elles n'illustrent pas *La Machine infernale*. Elles soulignent au contraire la rupture entre le style intellectuel d'une époque et le style humain de ma pièce. »

Publication dans *Paris-Théâtre*, n° 41, février 1954, à l'occasion de la reprise de la pièce, avec dessins de l'auteur.

Publication dans le vol. I de *Théâtre*, Paris, Grasset, 1957, avec un dessin et trois lithographies originales.

Documents sur la pièce aux archives de Milly-la-Forêt et au département des Arts du Spectacle de la Bibliothèque Nationale, collection Louis Jouvet.

FRAIGNEAU, André, *Cocteau par lui-même*, Paris, Seuil, 1957.

BROSSE, Jacques, *Cocteau*, Paris, Gallimard, 1970.

« Cocteau et les mythes », textes réunis et présentés par Michel Décaudin, *La Revue des lettres modernes*, n° 298-303, Paris, 1972.

CHANEL, Pierre, *Album Cocteau*, Paris, Veyrier-Tchou, 1975.

GUARRACINO, Georges, *Jean Cocteau magicien du spectacle*, catalogue d'exposition, Marseille, 1983.

Cahiers Jean Cocteau, n° 2, 1971 ; n° 5, 1975 ; n° 9, 1981 ; n° 10, 1985, Gallimard.

ASCHENGREEN, Erik, *Jean Cocteau and the Dance*, Copenhague, Gylendal, 1986.

BORGAL, Clément, *Jean Cocteau ou de la claudication considérée comme l'un des beaux-arts*, Paris, PUF, 1989.

LANGE, Monique, *Cocteau Prince sans royaume*, Paris, Lattès, 1989 ; rééd. Le Livre de Poche.

TOUZOT, Jean, *Jean Cocteau*, Lyon, La Manufacture, 1989.

CHAPERON, Danielle, *Jean Cocteau : la chute des angles* ; Presses Universitaires de Lille, 1990.

ALBRECHTSKIRCHINGER, Geneviève, *Le Monde de Jean Cocteau*, Paris, Albin Michel, 1991.

Table

Le Livre de Poche s'engage pour
l'environnement en réduisant
l'empreinte carbone de ses livres.
Celle de cet exemplaire est de :
200 g éq. CO$_2$
Rendez-vous sur
www.livredepoche-durable.fr

PAPIER À BASE DE
FIBRES CERTIFIÉES

Composition réalisée par Datagrafix

Achevé d'imprimer en janvier 2018, en France sur Presse Offset par
Maury-Imprimeur - 45330 Malesherbes
N° d'imprimeur : 223365
Dépôt légal 1re publication : mai 1962
Édition 66 - janvier 2018
LIBRAIRIE GÉNÉRALE FRANÇAISE - 21, rue de Montparnasse - 75298 Paris Cedex 06